Auferstehung

Manfred M. Müller (Hg.)

AUFERSTEHUNG

Frauen und Männer berichten über ihre Heilung nach Abtreibung

Immaculata Verlag

Bibliografische Information der Deutschen Nationalbibliothek
Die Deutsche Nationalbibliothek verzeichnet diese
Publikation in der Deutschen Nationalbibliografie;
detaillierte bibliografische Daten sind im Internet über
http://dnb.d-nb.de abrufbar

Fotos https://unsplash.com mit freundlichem Dank an:
Henrikke Due (@henrikkedue), Matheus Ferrero (@matheusferrero),
Dmitry Ganin (@ganinph), Annie Spratt (@anniespratt)
sowie an racjunior (https://pixabay.com).

IMMACULATA VERLAG, Salzburg
Gesamtherstellung: Müller
ISBN: 978-3-9503846-5-9

Inhalt

Einleitung

Abtreibung, das wissen wir, ist ein globales Phänomen. Und die Tränen der Frauen und Männer nach Abtreibung sind gleichfalls global. Es sind die immerselben Tränen, die immerselben Verzweiflungen. Die Sprache des Kindsverlustes versteht jeder, sie ist international. Darum stehen in dem vorliegenden Buch Zeugnisse aus Österreich neben Zeugnissen aus anderen Ländern. So wird deutlich: Bei allen Unterschieden der Sprache und des Temperaments und der kulturellen Identität ist es dennoch das gleiche Leid, das gleiche schreckliche *Danach,* welches die Menschen nach der Abtreibung weltweit verbindet.

Aber auch das wissen wir, und es ist höchst an der Zeit, daß dieses Wissen bekannt wird: Es gibt Heilung nach Abtreibung. Es gibt nicht nur das *schreckliche* Danach, es gibt auch das *heilende* Danach.

Frauen und Männer haben diese Heilung erfahren. Und jede einzelne Heilungsgeschichte, bei all ihrer spezifischen Einmaligkeit, belegt das grundlegend Bleibende - daß Gott nach wie vor am Werk ist und den Verwundeten nachgeht. Daß Jesus Christus der Heiland ist, gestern, heute und in Ewigkeit.

Die Frauen und Männer, die eine (oder mehrere Abtreibungen) hinter sich haben, oder auch Teilnehmer, die Abtreibungen in ihrem Familienstammbaum betrauern und später, manchmal Jahrzehnte später, sich entscheiden, das Vergangene in Ehrlichkeit aufzuarbeiten und deswegen eine *Rachels-Weinberg*-Einkehr[1] aufsuchen, bezeugen in den folgenden Erfahrungsberichten das Unerwartete. Die Berichte und Bekenntnisse, mal länger, mal kürzer, mal äußerst knapp, sind allesamt Zeugnisse der Heilung, des Aufatmens, der wiedergefundenen Lebensfreude, der Vergebung, der neu gewonnen Zuversicht, des hart erkämpften neuen *Ja* zum Leben. Mit einem Wort: Zeugnisse der Auferstehung.

Auferstehung ist dem Christen ein geläufiger Begriff. Am Hochfest Ostern feiern die Christen die Tatsache, daß Jesus Christus aus dem Grab auferstanden ist und damit ein für allemal den Tod besiegt hat. Die Frage bleibt freilich: Ist diese Tatsache im Leben der Christen wirklich eine TATSACHE¿

Frauen und Männer, die eine *Rachels-Weinberg*-Einkehr besuchen, sind einverstanden damit, den christlichen Weg von Tod und Auferstehung, den Jesus selbst für uns gegangen ist, mit Ihm an der Seite zu gehen und sich derart von Ihm durch die Todeserfahrung der Abtreibung hindurch ins Leben hineinführen zu lassen. Ich habe oft gesagt: Wer

---

1 Zu den *Rachels-Weinberg*®-Einkehren siehe die entsprechenden Homepages:
Österreich: www.rachelsweinberg.at
Deutschland: www.rachelsweinberg.de
International: www.rachelsvineyard.org
Rachels Weinberg® ist als eingetragenes Markenzeichen international geschützt.

der Todeserfahrung der Abtreibung sich wahrhaft stellt und Heilung sucht, der kommt neu zum Leben und demjenigen brauche ich nicht länger zu erzählen, was Auferstehung ist, denn derjenige weiß es nun: Auferstehung ist ihm wortwörtlich zur Tatsache geworden.

Zu den Verfassern der Zeugnisse

Manche wollten anonym bleiben, manche wollten lediglich ihren Vornamen nennen, manche lediglich ein Kürzel angeben oder ein Pseudonym, wieder andere ihren vollständigen Namen nennen. Das haben wir respektiert, dabei stets bedenkend, daß es uns, den Herausgebern, wie auch den Zeugnisgebenden um die frei machende Wahrheit geht, nicht um Sensation oder Bloßstellung oder, wie man heutzutage sagt, um »Outing«. Es geht um notwendige Hilfestellung wie Ermutigung für ungezählte Opfer der Abtreibung, aber auch um Hinweise für diejenigen, die, wenn das Thema zur Sprache kommt, schnelle Antworten parat halten, ohne jedoch denjenigen zugehört zu haben, die den schmerzlichen und befreienden Weg der Aufarbeitung gegangen sind.

Allen, die den Mut hatten, die vorliegenden Zeugnisse öffentlich zu machen, danken wir. Offenbar wird somit, was man nicht oft genug mitteilen kann: *Heute,* in unserer Zeit, verwirklicht sich die Frohe Botschaft des Evangeliums – heute, *denn für Gott ist nichts unmöglich* (Lukas-Evangelium 1,37).

2. Juli 2025 *Manfred M. Müller*

Frauen

Eine Verwandlung

von Judith

Ich hatte vier Abtreibungen. Hinter mir liegt eine Geschichte der Sucht. All das fällt in die Zeit zwischen 18 und 30. Ich fühlte, daß ich eine Versagerin bin, die keinem mehr was anzubieten hat. Dann kam ich aus der Sucht raus, heiratete mit 32 und bekam zwei Söhne. Doch ich fühlte mich weiterhin nicht gut, glaubte auch nicht, daß ich meinen Mann oder die Kinder verdient hätte. Die Abtreibungen hatte ich derart tief in mir vergraben, daß ich nie auch nur in Erwägung zog, daß genau *das* Teil meines Problems sein könnte. Ich fühlte mich ständig wie eine Schwindlerin, daß ich nie wirklich ehrlich sein könnte; denn wenn die Leute wüßten, wer ich wirklich bin, würden sie denken, ich sei eine schreckliche Person.

Meine Mutter war Katholikin. Sie hat über die Abtreibungen nie was erfahren. Zwanzig Jahre zuvor hatte ich damit aufgehört, zur Kirche zu gehen. Zwar waren meine zwei Söhne zur Ersten Heiligen Kommunion gegangen, aber ich selbst hatte nie mehr einen Gottesdienst besucht.

2009 nahm ich mir dann als Neujahrs-Vorsatz vor, wieder zur heiligen Messe zu gehen. Ich fühlte mich leer und wußte, daß ich Gott aus meinem Leben rausgeworfen hatte. In jeder heiligen Messe, die ich besuchte, heulte ich. Es war so peinlich, in der Messe zu weinen. Eines Sonntags bemerkte ich im Pfarrblatt einen Hinweis auf eine *Rachels-Weinberg*-Einkehr für Frauen nach Abtreibung(en). Ich rief die Leute an, traf eine Vereinbarung und ging hin.

Damals ging mir durch den Kopf, daß Gott mich womöglich auf sanfte Weise zur Messe hin geführt hatte, um dort *Rachels Weinberg* zu entdecken.

Ich kann nur sagen, daß dies ein Wochenende der Verwandlung für mich war. Ein Wochenende, in dem ich die Verantwortung für das übernahm, was ich getan hatte, ein Wochenende, in dem ich Vergebung erfuhr, und ein Wochenende, in dem ich es zuließ, daß die wunderbaren Leute dort sich um mich kümmerten und mich so liebten, wie ich es nie zuvor erlebt hatte.

Heute bin ich selbst Mitarbeiterin bei den Einkehrwochenenden; ich helfe mit, unterstütze beim Herrichten und Aufräumen und kümmere mich darum, daß es angenehm zugeht, was ich ja selbst so reichlich erlebt habe.

Rachels Weinberg gab mir die Gelegenheit, geliebt zu werden und wieder zu lieben. Zu wissen, daß Jesus mir vergibt und mich liebt und daß meine Kinder mit Ihm sind, daß sie geliebt und geborgen sind.

Danke.

Ich bin so froh

von einer Teilnehmerin

Heute möchte ich ein riesiges DANKE und vergelt's Gott sagen!!! Ich bin so froh! Das Heilungswochenende war so segensreich. Ich bin voller Freude und Zärtlichkeit meinem Gott gegenüber, der mir meine Schuld und den Stein der Anklage aus den Händen genommen hat. Ich hätte nicht gedacht, daß noch so viel Schmerz in mir war. Jetzt kann ich mich Gott wieder ungezwungen nähern. Das war vorher nicht so. Die Scham hat mir immer wieder den Weg verstellt. Diese Tage waren wunderbar. Jesus war in der Mitte.

Laß Dich mit Gott versöhnen

von Andrea, Wien, am Karfreitag 2014

Wenn mich vor 4 Jahren jemand gefragt hätte, ob ich leide, weil ich 1977 und 1997 eine Abtreibung gehabt habe, hätte ich gesagt: »Heute nicht mehr, es ist mehr als 30 Jahre her. Es ging damals nicht anders. Ich kann nichts mehr daran ändern und es ist vorbei.« Ich habe es auch für mich so formuliert: »Ich habe eine Abtreibung gehabt«, ähnlich wie »Ich habe einen Autounfall gehabt«, und ich wäre vor 4 Jahren eine jener Frauen in den Statistiken gewesen, die »gut« nach einer Abtreibung zurechtkommen und »nicht darunter leiden«. Es gibt Statistiken, die das von vielen Frauen behaupten, und ich hätte mit voller Überzeugung von mir das gleiche behauptet.

Heute habe ich etwas ganz anderes zu sagen! Aber das ist eine Geschichte, die Gott mit mir gemacht hat.

Ich kann mich noch erinnern, als wäre es heute passiert, wie verzweifelt ich war, als ich zur Klinik gefahren bin; es war vor 37 Jahren, damals war ich 20 Jahre alt. Dieses Gefühl, mit dem Rücken an der Wand zu stehen, allein, verzweifelt, den Blick völlig verengt in eine Aussichtslosigkeit, Angst, Panik. Ich habe geweint, als ich zur Klinik gefahren bin, ich habe geweint, als ich dort war, ich war 4 Tage dort, weil es mir schlecht ging, ich habe die ganze Zeit geweint, und als ich die Klinik wieder verlassen habe, war nichts mehr wie früher. Ich hatte keine Tränen mehr. Das Kind war »weg«. Ich war mir fremd. Ich war wie tot.

Die ganze Welt war mir fremd. Niemand hatte mir das gesagt, daß danach nichts mehr ist wie früher. Etwas undefinierbar Schreckliches, Zerstörerisches, etwas das nicht auszuhalten war, war ständig in mir. Ich bin nach Hause gefahren, aber mein Zuhause war mir fremd, alles war mir fremd. Ich habe mich gefühlt, als wäre ich in einem Eisblock, und Lichtjahre um mich herum ist nichts und niemand. Dunkelheit, Kälte, Einsamkeit. Es war kein Leben mehr; mit nichts und niemandem war ich in Beziehung, nicht nur mein Kind war »weg«, auch ich war »nicht mehr da«.

Sogar als ich dann meinen Mann kennengelernt habe und wir zwei Kinder bekommen haben, hat sich nichts an diesem Gefühl geändert. Ich konnte nie wirklich in Beziehung sein, ich konnte nicht lieben, ich konnte nur versuchen, irgendwie zu funktionieren. Mir ist das im Lauf der Zeit gar nicht mehr weiter aufgefallen, ich war voll berufstätig, der Haushalt, die Kinder, zu tun war genug.

Aber immer wieder hatte ich psychische Krisen, die weder ich noch sonst jemand verstanden haben und die ich so gut wie möglich zu verbergen versuchte. Ich war keine liebende Ehefrau, meinen Mann habe ich immer wieder bekämpft statt unterstützt. Ich war keine Mutter für unsere Kinder. Ich war gar nicht fähig, jemanden zu erziehen; ich war nicht stabil, nicht berechenbar; ich hatte immer wieder schlimme Krisen und habe es gerade so geschafft, wenigstens am Arbeitsplatz »unauffällig« zu funktionieren.

Als unsere Kinder 9 und 10 Jahre alt waren, ist mein Mann in eine finanzielle Katastrophe geschlittert, aus der er nie mehr herausgekommen ist. Wir haben uns scheiden lassen und ich habe versucht, mit harter Arbeit genug Geld zu verdienen und die Kinder allein »groß« zu bekommen.

Meine Tochter ist mir im Alter von 12 Jahren völlig entglitten, mein Sohn hat schon viel zu früh erwachsen sein müssen und leidet noch heute sehr darunter.

3 Jahre nach der Scheidung hatte ich an meinem Arbeitsplatz eine kurze Affaire mit einem Arbeitskollegen – ich war wieder schwanger. Mit meinen Kindern bin ich gerade so über die Runden gekommen, der Kollege hatte Familie, die wollte ich nicht zerstören, Liebe zwischen uns war keine vorhanden; es war einfach nur ein bißchen Sex gewesen; wir wollten gar nichts miteinander zu tun haben, wir wollten keine Konsequenzen tragen. Also: Abtreibung. Das war 1997.

Danach habe ich bei dieser Firma gekündigt und wollte für mich überhaupt nichts mehr. Ich war so enttäuscht von mir. Ich wollte nur noch Buße tun. Ich habe für eine NGO zu arbeiten begonnen, soviel ich konnte und mehr als ich konnte. Meine Tochter war 13 und sie war völlig führungslos; ausgebrochen; irgendwo unterwegs, sie hat gestohlen, Drogen genommen, ich habe nicht mehr geglaubt, daß sie noch lange überleben wird. Meine Arbeit hat mich gefordert und immer öfter überfordert. Mein Sohn hat versucht, mit allen seinen Kräften, ein verantwortungsvolles Leben zu leben, den fehlenden Vater zu ersetzen, seine Ausbildung so gut wie möglich zu machen, er hat viel zu hart einen viel zu erwachsenen Kampf gekämpft für sein Alter; er war 14. Seine Schwester war nicht zu bändigen. Für uns alle war das Leben die Hölle. Wir konnten uns nicht helfen, es ist immer schlimmer geworden. Alle Mühe war irgendwie vergebens. Mein Sohn hat sich sein Studium hart erarbeitet, er war berufstätig und hat studiert, er hat sein Studium beendet, aber mit 24 Jahren hatte er ein schlimmes Burnout. Ich habe ihm nicht helfen können.

Meine Arbeit habe ich kaum noch geschafft, eine bleierne Müdigkeit hat mich begleitet.

In dieser Situation bin ich zu einer Katechese des *Neokatechumenalen Weges* eingeladen worden. Das war im Jänner 2010. Der Priester, der mich eingeladen hat, hat auf mich einen vernünftigen Eindruck gemacht, daher bin ich zur Katechese gegangen. Die Vortragenden waren sehr freundliche Menschen, mit Beruf und Familie, sie haben von Gott gesprochen und sie waren authentisch. Das hat mich neugierig gemacht. Sie haben behauptet, Gott würde mich lieben. Ich aber war seit Jahren sicher: »Ich bin strafversetzt«. Ich habe schon geglaubt, daß Gott die Liebe ist, aber »mich liebt er nicht«. »Das kann nicht sein«.

Dennoch, dieser Satz hat mich nicht mehr zur Ruhe kommen lassen: »Glaub daran, daß Gott dich liebt!« »Glaub daran, daß Gott Dich liebt! So wie du bist, genauso wie du bist.« Wo war dieser Gott? In der Tiefe habe ich verstanden, Gott ist meine einzige Chance, meine einzige! Das hat mich berührt und nicht mehr losgelassen. Tief, tief in mir ist etwas aufgebrochen, in Bewegung gekommen. Ich habe in der Katechese oft geweint, ohne zu wissen warum. »Glaub daran, daß Gott dich liebt!« - aber wie soll sich das anfühlen? Ist Seine Liebe vielleicht irgendwo und ich bin zu blöd, um sie zu sehen?

Ich war in meinem Leben total gescheitert, als Mutter, als Ehefrau, die Arbeit habe ich kaum noch geschafft. Nach all den Kämpfen und Mühen stand ich vor dem NICHTS. Ein Sohn, der ein schweres Burnout hatte, eine drogenabhängige langzeitarbeitslose Tochter, einen Mann, der selbst in seiner Existenz gescheitert war, meine Kinder haben mir vorgehalten, was ich alles falsch gemacht habe, meine Mutter hat mich gebraucht (sie war verwitwet), mein Exmann hat gelebt wie ein »Sozialfall«, isoliert und verwahrlost, wir hatten seit 16 Jahren keinen bzw. nur sehr sporadischen Kontakt. »Glaub daran, daß Gott dich liebt.« - ein Satz aus einer anderen Welt. Warum berührt mich diese Idee so? Zum ersten Mal in meinem Leben war da etwas, das etwas mit mir zu tun hatte, das etwas mit meiner Existenz zu tun hatte. Tief in mir ist so etwas wie Hoffnung entstanden, Hoffnung, daß es noch etwas anderes gibt als Schmerz, Leid und Frust.

An der Oberfläche habe ich mich in meinem Hochmut gar nicht so schlecht gefühlt, immerhin hatte ich hart gekämpft, das war doch was ... Und »mein Mann war der Versager« und »meine Tochter die Ungehorsame«; ich war die, die den Karren aus dem Dreck gezogen hat; also, mir braucht keiner etwas zu sagen! Aber daß Gott mich liebt - das kann nicht sein! Was würde das denn bedeuten: Liebe? Was ist das überhaupt: »Liebe« und überhaupt »diese Liebe im Zeichen des Kreuzes«, von der immer alle reden? Wie fühlt sich das denn an, »geliebt zu werden«? Ich will es gar nicht wissen, es ist immer ein Betrug, am Ende ist ja doch wieder alles öd, wie immer. Irgendetwas in mir will mit Liebe überhaupt nichts zu tun haben, aber tief, tief in mir möchte etwas »leben«.

Deshalb bin ich dieser *Neokatechumenalen Gemeinschaft* beigetreten, heute kann ich sagen: das hat mir das Leben gerettet. Für mich hat langsam ein Leben begonnen, das immer mehr vom Wort Gottes geprägt worden ist, immer mehr habe ich begonnen zu verstehen, daß Gott die Liebe ist, ich habe Wunder im Leben meiner Brüder und Schwestern in der Gemeinschaft gesehen, habe gesehen, daß Gott wirklich im Heute konkret da ist und konkret im Leben der Menschen wirkt.

Vieles war mir völlig fremd, so etwa die Einstellung zu Ehe und Familie, zu Liebe und Sexualität. Der Schöpfungsakt Gottes, daß Gott Herr ist über Leben und Tod, mit der Theologie des Leibes hat sich mir eine ganz neue Welt aufgetan, in der die Menschen ihre Würde haben, ich habe die geheimnisvolle und wunderbare Schönheit des Planes Gottes für die Menschen gesehen. Völlig neue Gesichtspunkte, die mich langsam haben verstehen lassen, warum Abtreibung schlecht ist, warum die Berufung zur Ehe auch verbunden ist mit einem Offensein für das Leben, das heißt die Kinder anzunehmen als Geschenk Gottes und sie verantwortungsvoll zu erziehen. Ich habe Familien kennengelernt mit vielen Kindern, die nach dem Evangelium gelebt haben. Ich habe gesehen, welcher Segen auf ihnen lag, wie Gott in ihrem Leben wirkt.

Anfangs war das sehr bitter für mich, war das doch genau mein wunder Punkt. Die zerstörte Familie, die zerstörten Kinder. Aber alles, was ich gehört habe, war wahr, soweit ich es verstehen konnte. Ich war fremd wie immer, gefangen in meinem Eisblock, unfähig zu Nähe und Beziehung, einsam inmitten der Gemeinschaft. Immer deutlicher habe ich meine Fehler gesehen, immer öfter und klarer erkannt, wie sehr ich die Liebe Gottes mit Füßen getreten hatte.

Nach zwei, drei Jahren des Weges sind mir in meinem eigenen Leben Veränderungen aufgefallen: Mit meinem Mann lebe ich wieder zusammen, nach meinem Burnout habe ich mit 55 Jahren eine Arbeit gefunden, die mir jeden Tag Freude macht, mein Mann hat eine Arbeit, die ihm hilft, unsere Kinder besuchen uns wieder, meine Mutter kann mit meinem Mann wieder reden, wir feiern gemeinsame Feste wie eine »richtige« Familie, unsere Tochter ist professionell diagnostiziert worden (Schizophrenie) und wird jetzt behandelt.

Warum kann ich immer noch nicht glauben, daß Gott mich liebt?

Ich gehe zu einem Therapeuten. Er findet bald heraus, daß er eine Traumatherapie machen muß, und im Rahmen dieser Therapie stellt er fest, daß das Gefühl der »Trauer« bei mir völlig blockiert ist. Das kann nicht sein, denke ich, bei den Tränenbächen, die ich geweint habe ... Aber auch mein Mann sagt: »Ich spüre in Dir eine große Traurigkeit; was macht Dich so traurig?«

Ich kann das für mich nicht sehen. Ich spreche auch mit unserem Priester, und plötzlich sehe ich den Zusammenhang mit der ersten Abtreibung. Gott sei Dank hat Gott mir in diesem Augenblick einen wirklich guten Priester gegeben und einen wirklich guten Therapeuten, sonst hätte ich das nicht überlebt! Gott sei Dank hat unser Priester mich gleich zur Beichte geschickt! Denn nach der Beichte, in der Gott mir meine Schuld vergeben hat, hat sich mein Blick geweitet und ich habe gesehen, WAS ich da getan habe.

Daß Gott mir vergeben hatte, war mein einziger Halt; das einzige, das mich daran gehindert hat, vor die U-Bahn zu springen. Die Stunde der Wahrheit war nicht auszuhalten. Der Augenblick, als ich erkannt habe, daß ich mein eigenes Kind, das eine Verkörperung der Liebe Gottes und ein Geschenk von Gott war, das so unglaublich abhängig und verletzbar und schutzbedürftig war und keine Stimme hatte, daß ich dieses Kind nicht einmal wahrgenommen habe, geschweige denn geliebt oder geschützt habe, sondern daß ich es getötet habe, daß es nichts Schrecklicheres gibt als wenn eine Mutter ihr eigenes, ihr anvertrautes schutzloses Kind tötet – WAS hatte ich getan? WAS habe ich da getan? WIE kann ich auch nur einen Tag länger leben mit dieser Schuld? Ich bin verzweifelt. Niemand kann mich verstehen (Gott sei Dank, ich wünsche niemandem, daß er mich verstehen kann).

Mein Therapeut hat Angst, mich mit meiner Schuld gehen zu lassen, aber ich will keine Rechtfertigungen hören. Ich will die Wahrheit sehen. Ich suche im Internet nach Hilfe und finde die Homepage von *Rachels Weinberg. Rachels Weinberg* ist eine Organisation, die Frauen nach einer Abtreibung hilft. Auf der Homepage von *Rachels Weinberg* finde ich meine eigenen Erfahrungen wieder, sie sagen die Wahrheit. Ich spreche auch mit unserem Priester und er empfiehlt mir, dieses Heilungswochenende zu besuchen, das angeboten wird. Das alles muß bearbeitet werden. Also melde ich mich an und habe Angst, als ich hinfahre zu diesem Heilungswochenende.

Womit ich nicht gerechnet habe, war »DIESE LIEBE«! Es gibt tatsächlich Menschen, die sich um uns Schuldbeladene mit einer unbeschreiblichen Liebe kümmern, um uns, die wir unsere eigenen Kinder getötet haben.

Wir werden betreut von einem Priester, einer Ärztin und Therapeutin und einem unglaublich hingebungsvollen professionellen Team. Ich brauche jeden einzelnen von ihnen bitter nötig. Wir sind in einer sicheren Umgebung und wagen uns gemeinsam diesen Weg hinunter, langsam, in unsere Schuld, in unsere Trauer, in unsere Verzweiflung, in die Endgültigkeit dieser Tat, mitten hinein in den Tod unserer nie im Arm gehaltenen Kinder und in unsere untragbare Schuld. Mitten in diese unfaßbare Tat, in dieses unverrückbare endgültige Scheitern.

Aber dort, am Ende aller Hoffnung, ist mir Jesus Christus begegnet, mit einem überirdischen Trost. Wie viele Priester, Menschen, Engel und Heilige für uns gebetet haben, weiß ich nicht; es müssen viele gewesen sein! Ich kann es nicht anders beschreiben: Himmel und Erde haben sich verbunden, mir sind meine Kinder begegnet, lebendig und glücklich und versöhnt. Ich habe die Herrlichkeit Gottes gesehen! Ich habe gesehen, daß Gott Herr über Leben und Tod ist, daß Gott die Liebe ist und daß niemand das Leben, das Gott erschaffen hat, zerstören kann. Keine Macht der Welt - und sei sie noch so finster - kann die Liebe Gottes zerstören. Die Macht Gottes ist ungebrochen herrlich!

Jetzt weiß ich, wer Jesus Christus für mich ist: Er ist Der, Der meine Kinder nicht sterben hat lassen, der sie aufgenommen hat in Seine Barmherzigkeit, der ihnen die ganze Zeit schon Seine Liebe geschenkt hat. Er hat meine von mir getöteten Kinder nicht dem Tod übergeben.

Meine Kinder haben für mich zu leben begonnen! Ich bin ihnen begegnet! Sie haben Namen bekommen nach den Heiligen des Tages, an denen Gott mir meine Schuld vergeben hat. Ich weiß jetzt, daß mein erstes Kind ein Sohn ist und daß mein viertes Kind eine Tochter ist. Mein erster Sohn heißt Johannes, nach dem Heiligen »Juan Diego von Guadalupe«, und meine zweite Tochter heißt Maria, nach der »Mutter Gottes von Guadalupe«. Meine überlebenden Kinder (die ich mit meinem Mann gemeinsam habe; denn mit den Tötungen hatte mein Mann nie etwas zu tun), wissen jetzt von ihren Halb-Geschwistern, kennen ihr Alter und ihre Namen und wissen endlich, nach wem sie die ganze Zeit gesucht haben, ohne zu wissen warum. Das war sehr wichtig für unsere überlebenden Kinder. Unser Sohn hat gesagt: »Ich habe einen Bruder ...«, und unsere Tochter hat gesagt: »Ich habe mich immer nach einer Schwester gesehnt …« Ich habe ihnen alles erzählt, auch meinem Mann, der gesagt hat: »Ja, dann sind wir jetzt eine größere Familie.«

Was ist also meine Antwort heute?

Jesus Christus ist mir in der Tiefe meiner absoluten Hoffnungslosigkeit begegnet, dort, wo es für mich nur noch Tod und Verzweiflung gab, wo meine Schuld zu schwer für mich war. In dieser meiner Hölle ist mir Jesus Christus begegnet. Er hat mir eine Hoffnung gegeben, Er hat mir meine Kinder gegeben, er hat mir Versöhnung geschenkt, Er hat mir meine Schuld - die ich nicht tragen konnte - vergeben, Er hat meine Sünde getragen für mich durch Sein Blut am Kreuz, durch Seine Erlösungstat hat er mir das Leben neu geschenkt.

Ich habe eine zweite Chance bekommen, ein neues Leben. Ich habe in der Tiefe meiner Existenz, in meiner größten Verzweiflung erfahren, daß Gott mich unendlich liebt, daß Gott die Liebe ist. Er hat mich aus meinem Tod herausgeholt in Sein Licht! Das ist die Wahrheit!

Jesus Christus ist mein Retter, Er ist die Liebe und nur Er kann mir ein neues Leben schenken, ein Leben im Licht Seiner Wahrheit, die die Liebe im Sinne des Kreuzes ist. Jesus Christus ist stärker als der Tod! Er ist durch den Tod hindurchgegangen und auferstanden in ein neues Leben, das niemals enden wird! Und in dieses Leben nimmt er mich mit, er hat mich abgeholt aus meinem Tod und mich aus meinem Grab geholt. So sehr hat er mich geliebt, daß er all das Leiden auf sich genommen hat und Sein Leben hingegeben hat für mich, damit ich das Leben haben kann. Nach allem was ich getan habe! Seine Barmherzigkeit ist so heilig, daß ich sie nicht fassen kann mit meinem menschlichen Verstand. Diese Liebe schenkt mir die Vergebung, führt mir meine Kinder wieder zu und ruft mich in ein Leben in DIESER LIEBE.

Das habe ich erfahren an diesem Heilungswochenende, und es erfüllt mich mit Demut und Dankbarkeit und einem tiefen Bedürfnis, mein Leben auch hinzugeben für die Menschen, die Gott mir zuführt - weil es nichts mehr gibt, was ich noch brauche, wenn Gott mir die Versöhnung schenkt und mich liebt. Wenn Jesus Christus bei mir ist und mich liebt, was kann mir da noch fehlen? Eine tiefe Freude erfüllt mich und der Wunsch, allen davon zu erzählen, die LEIDEN. Gott liebt Dich, glaub daran, daß Gott Dich liebt, Dich heilen möchte und Dir ein neues Leben in Seinem Frieden schenken möchte. Du kannst die Liebe Gottes in der Tiefe Deiner Existenz erfahren. Gott lebt Heute! Für Dich!

Was natürlich bleibt, ist die Scham über das Schreckliche, das ich getan habe, die Scham, meine eigenen Kinder getötet zu haben, die Scham, meine Ehe verraten zu haben, die Scham, Sexualität ohne Geist gelebt zu haben, die Scham, trotz alledem immer wieder auf meinen Hochmut zu stoßen, die Scham, die Menschen, die Gott mir gegeben hat, nicht geliebt zu haben, immer rebelliert zu haben gegen Gott, die Scham, andere Menschen geurteilt zu haben und vieles mehr.

Was aber auch bleibt, ist diese unvergeßliche lebendige Begegnung mit Jesus Christus an *Rachels Heilungswochenende,* an dem ich die Liebe Gottes erfahren habe. Jetzt weiß ich, daß Gott mich liebt! Es war eine Begegnung, die nie mehr enden wird. Was bleibt, ist ein tiefer, tiefer Trost, daß Gott in seiner großen Liebe und Barmherzigkeit alles zum Guten führen wird! Das ist meine Hoffnung! Alles wird gut werden! Auch für alle meine Kinder und für die ganze Familie ...

Deshalb, wenn Du eine Betroffene bist: Hab Mut, besuche ein Heilungswochenende in *Rachels-Weinberg*-Einkehr, laß Dich mit Gott versöhnen! Jesus Christus ist auch für Dich gestorben, damit auch Du zu einem Leben mit Gott finden kannst. Wir alle können uns nicht selbst retten. Jeder von uns braucht einen Retter, hab Mut! Es ist keine »Geschichte« die ich hier erzähle, Jesus Christus ist konkret, er ist das Leben und Du kannst ihm begegnen. Du kannst ihn ERLEBEN, ERFAHREN, Du und Deine ganze Familie werden Trost und Heilung erfahren und das Leben finden ...

Ich fühle mich nicht mehr schuldig

von Amada Rosa Pérez, ehemaliges kolumbianisches Topmodell[2]

Ich hatte zwei Abtreibungen und eine Fehlgeburt. Ich habe diese Kinder vor Jesus getauft, bei der Wandlung, wenn der Priester die Hostie erhebt: »Ich taufe dich, Jesus Maria, mit der Herzenstaufe der römisch-katholischen apostolischen Kirche. Im Namen des Vaters und des Sohnes und des Heiligen Geistes.« So habe ich meine Kinder getauft: *Jesus Maria, José Maria* und *Miguel Maria.* Mit Mädchen- und Jungennamen, ich kenne ihr Geschlecht ja nicht. Nach der Taufe habe ich neun Rosenkränze gebetet. Eine Novene für jedes meiner Babies.

---

2 Über die katastrophalen Auswirkungen ihrer Abtreibungen berichtet Amada im Film *Mary's Land* (als DVD erhältlich).

Dann habe ich an einem Heilungsseminar teilgenommen für Mütter, die abgetrieben haben - *Rachels Weinberg,* eine wunderbare Möglichkeit für alle, die mit Abtreibung zu tun hatten. Das war eins der besten und schönsten Erlebnisse, die ich je hatte. Ich fühle mich nicht mehr schuldig, ich spüre, daß Gott mir vergeben hat, daß meine Kinder im Himmel sind, mich hören und unterstützen ... in meinem Kampf für die, die keine Stimme haben ... und um Frauen zu helfen, diese Tragödie zu überwinden ... für mich ist die Abtreibung eine Tragödie ... und damit viele Frauen es gar nicht erst tun. In welcher Situation sie sich auch befinden - sie sollen es nicht tun.

Endlich

von Anonym

Ich habe in meinem ganzen Leben noch nie so viel tiefe und ehrliche Verbundenheit und Liebe von »fremden Menschen« gespürt, wie an diesem Wochenende ...

Ich habe alles noch ganz klar vor meinem geistigen Auge, den warmen Blick der Mitarbeiter und das feine Gespür für jeden einzelnen Teilnehmer. Mir wurde an diesem Wochenende klar, daß ich von nun an nicht immer wieder neu um Vergebung beten muß und daß ich *endlich* die Liebe Gottes annehmen und sie weitergeben will.

Kein Druck

von Anonym

Eine offene, getragene, heilende Atmosphäre. Kein Druck. Eine ruhige Insel der Besinnung, des Angenommenseins, des *Sein-dürfens,* des Wohlfühlens!

Aus der Finsternis zum Licht

von Victoria

Ich erinnere mich, daß ich zeit meines Lebens stets in der Dunkelheit war. Meinen Vater hatte ich sehr früh verloren, ich war gerade mal fünf Jahre alt. Ich bin das jüngste von sechs Kindern, und in meinem ganzen Leben konnte ich mich nie wirklich auf eines meiner Geschwister verlassen. Ich heiratete in jungem Alter, hatte gerade die Mittelschule hinter mir und zog weg von meiner Mutter, die ich innig liebte. Mit 18 war ich schwanger und bekam mein erstes Kind, als ich neunzehn wurde, genau drei Monate nach meinem 19. Geburtstag. Mein Mann mißhandelte mich, es war eine Ehe voller Gewalt. Schließlich war die Ehe am Ende und ich übersiedelte nach Virginia, um mit meiner Mutter zu leben. Das ganze Durcheinander ging los. Mein Selbstwertgefühl war dermaßen im Keller, ich hatte Sex mit jedem X-beliebigen. Mein Leben war wortwörtlich ein Drunter-und-Drüber, ich lebte ein Leben der Sünde, welche Sünde auch immer dir einfällt - ich beging sie.

1979 wurde ich schwanger und wickelte das ab mit einer Abtreibung. Ein Freund fuhr mich zu der örtlichen Abtreibungsstätte. Wie gut kann mich daran erinnern. Ich ging hinein, und man hätte eine Nadel fallen hören, so still war es. Niemand redete. Als ich zum Eingangsschalter hinging, übergab mir die Schwester einige Papiere zum Ausfüllen. Das einzige, wonach sie fragte, war mein Name und: »Haben Sie eine Rückfahrgelegenheit?« Sie sagte mir, ich solle die Papiere ausfüllen und darauf warten, bis mein Name aufgerufen würde.

Als ich im Wartezimmer saß, bemerkte ich, daß niemand aufschaute, um zu lächeln; jemand weinte, aber sehr still. Ich erinnere mich, daß der Raum derart dunkel war. Und ich dachte mir, das saugt dich ein! Meine Gedanken waren irgendwo am Weggleiten, als mein Name aufgerufen wurde. Mein Herz begann zu rasen, meine Hände schwitzten. Die Schwester, dic mich nach hinten zur Umkleide brachte, sagte zu mir, es sei »ein Stück Kruste«. Der Eingriff würde nicht allzu lange dauern, man würde nichts fühlen. Sie werden dich in einen *Dämmerschlaf* versetzen, und da wirst du nichts fühlen. Keine Angst, alles geht gut, der Doktor hat schon etliche dieser Eingriffe vorgenommen.

Das Komische ist, daß sie noch nicht einmal in der Lage waren, von *Abtreibung* zu sprechen, für sie war es ein »Eingriff«. Das nächste, woran ich mich erinnere, ist, daß ich auf diesem kalten Stahltisch lag, in einem kalten Raum, und daß mir nicht richtig warm wurde. Der Doktor kam herein und sagte: »Keine Angst, ich habe diese Eingriffe oft gemacht, es wird ruckzuck vorüber sein, und dann können Sie wieder Sie selbst sein.«

Ich hörte diese Maschine. Wie laut, dachte ich, und es war schmerzhaft, ich hörte diese Maschine, die das Leben absaugte, welches in meinem Inneren heranwuchs. Ich dachte, schön und gut, sie sagten ja, es sei nur ein »Klecks«, es war nicht wirklich ein Baby, es konnte nicht überleben. Es wird Ihnen viel besser gehen, wenn es weg ist.

Im Aufwachraum, so erinnere ich mich, kam die Schwester zu mir und fragte mich, ob ich Schmerzen hätte. Ob ich Schmerzen hätte?, fragte sie. Ich hatte Schmerzen. Ich war wie ein Ball zusammengekrümmt, rollte vorwärts und zurück und blutete wie ein vollgestopftes Ferkel. Und sie sagt zu mir: »Reg dich nicht auf, Schätzchen, in ein oder zwei Wochen legt sich das, und dann kannst du zum Leben zurückkehren, so als sei nichts passiert.«

Allerdings, ich kehrte in mein Leben zurück, ich geriet außer Kontrolle. Ich schlief mit allen möglichen, jobbte in Bars, mein Mann hatte jetzt meine Tochter und lebte in Ohio. Na großartig! Ich mußte was machen, ich mußte mein Leben ins Reine bringen. Ich versuchte, zurück zu meinem Mann zu gehen, doch in meinem Hinterkopf wußte ich, daß das nicht funktionieren würde. Er hatte ein Ein-Zimmer-Apartment; wo würde unsere Tochter schlafen? Ich zog zu ihm, und alles schien so weit gut zu gehen, bis er wieder wütend wurde. Wir erwarteten Gäste zum Essen, und er wurde wütend und zerrte mich an einer Halskette, die ich anhatte, so daß ein ziemliches deutliches Abzeichen seiner Gewalttätigkeit zurückblieb. Ich mußte einen Rollkragenpullover anziehen, um die Spuren zu verdecken.

Nicht lang danach bekam ich einen Job. Ich ging zur Arbeit, und eines Tages, als ich im Regen nach Hause kam, waren die Türschlösser ausgetauscht und mein Koffer stand vor der Tür. Ich kannte dort niemanden, die Wohnung lief auf den Namen meines Mannes, was sollte ich tun? Ich rief meinen Arbeitgeber an. Er kam rüber, holte mich ab und nahm mich die Nacht zu sich. Er kontaktierte einen befreundeten Anwalt, alles passierte so schnell, daß mein Kopf rotierte.

Ich hatte im Grunde dem Gericht klar zu machen, daß ich in der Lage war, für meine Tochter zu sorgen, daß ich für sie einen ordentlichen Platz zum Leben hatte, jemanden, der sich um sie kümmerte, während ich arbeitete usw. Das alles kam ins Rollen. In der Zwischenzeit begann ich, Drogen zu nehmen. Ich fürchtete, daß nichts passieren würde. Ich nahm Speed. Das half, wie mir schien, mich in Schwung zu bringen und die Dinge anzupacken. Schließlich bekam ich das Sorgerecht für meine Tochter. Ich dachte, ich würde nie zulassen, daß uns irgendetwas wieder trennt.

Ich blieb hängen bei diesem Typ und wurde wieder schwanger. Das war 1981. Er sagte, ich müßte abtreiben; darum fuhr er mich zur örtlichen Abtreibungsstätte und wartete auf mich draußen. Ich konnte es nicht fassen, daß ich das Gleiche alles noch einmal durchmachte. Ich dachte: »Das kann nicht sein.« Wieder dasselbe, als ich hineinging. Alles war still, man konnte eine Stecknadel fallen hören, so still war es. Es wurde zwar geredet, aber dieses Reden war mehr ein Flüstern denn ein Reden. Niemand lächelte, ein jeder war in sich verschlossen. Es war gräßlich!

Dieses Mal spürte ich den Schmerz meiner Abtreibung noch stärker als das erste Mal. Dieses Geräusch dieser Maschine, die mein Baby absaugte. Noch immer laß ich das mit mir machen, was läuft nur verkehrt in mir? Ich mußte aus dieser Situation rauskommen, dieser Mensch bestimmte über mein Leben und traf für mich die Entscheidungen. Ich hatte nichts zu sagen, ob ich nun das Baby wollte oder nicht. Überdies fällt mir ein, was mir vorher gesagt wurde: »Ach, das ist bloß ein Gewebeklumpen.« Ich fragte mich: Ist das wahr? Warum war der Schmerz so durchdringend? Warum dauerte es ein bißchen länger? Ich hatte überhaupt keine Antworten auf irgendeine dieser Fragen. Ich behielt diese Fragen für mich, und daraufhin verstaute ich diese Scham und die Schuld und die Wut und die Enttäuschung tief drinnen in mir, an diesem dunklen Ort in dir, den niemand kennt. Sie kennen diesen Ort, den ich meine!

Ich kam los von diesem Typ, und meine Tochter ging neuerlich nach Virginia. Diesmal war's schlimmer als zuvor. Mein Leben bestand aus nichts anderem mehr als aus Sex, Drogen, Saufen. Ich war mir wurscht. Allerdings wollte ich sicher sein, daß meine Tochter von all dem, von dieser Seite von mir, nichts mitbekam.

Ich arbeitete als Kellnerin und als Kellnerin in einer Cocktailbar und versuchte so über die Runden zu kommen. Dann begegnete ich einem anderen Typen. Er war so nett und gutaussehend, und ich dachte: Wow, er mag mich. Mein Selbstwertgefühl war praktisch bei null angekommen, nada, nichts. Ich rechnete mir aus: Ok, warum nicht. Also er zog bei mir ein, und es ging super.

Einen Sommer lang zog meine Tochter weg, um mit ihrem Vater in Tennessee zu leben. Das war 1983, und damals wurde ich zum dritten Mal schwanger. Ich ging davon aus, daß dieser Typ eine Familie wollte. Ich meine, er liebte wirklich meine Tochter, und meine Tochter liebte ihn, darum malte ich mir aus, daß das super sein würde. Aber es war alles andere als super. Er wollte kein Baby, das kam gar nicht in Frage. Ich sollte abtreiben. Und damit Schluß! Keine weitere Diskussion. Schluß und aus! Am nächsten Tag riefen wir wegen eines Termins *Planned Parenthood*[3] an.

Er setzte mich bei der Abtreibungsstätte ab und sagte, er würde zurückkommen. Ich ging rein. Mein Magen war zusammengeschnürt. Ich wollte mich übergeben. Ich wollte das nicht noch einmal mitmachen. Mein Herz begann

3 Die *International Planned Parenthood Federation* (IPPF) ist der weltweit größte Abtreibungskonzern mit Filialen in sämtlichen Kontinenten. Der deutsche Ableger von IPPF ist *pro familia,* der österreichische Ableger ist die *Österreichische Gesellschaft für Familienplanung.*

zu rasen, als ich zum Schalter ging. Die Frau sagte zu mir, ich solle einige Papiere ausfüllen, und fragte mich genau die zwei gleichen Fragen: »Wie heißen Sie? Haben Sie eine Rückfahrgelegenheit?« Ich setzte mich rückwärts hin, mir graute davor, was ich bald ausstehen würde. Oh Mann, dachte ich, das zieht runter. Es gab keinen, mit dem ich hätte reden können, niemanden, der mir sagte, daß dies schon in Ordnung sei, niemanden, der mir sagte, daß ich andere Möglichkeiten hätte. Ich hatte keine Möglichkeiten, ich hatte keine Stimme.

Ich war zu dem Zeitpunkt dermaßen betäubt, daß ich nur daran dachte, es hinter mich zu bringen. Ich will damit nichts mehr zu tun haben. Ich will einfach sterben! Während ich noch dies dachte, wurde mein Namen aufgerufen und ich wurde nach hinten gebracht. Ich erinnere mich, daß ich dabei Schluchzen und Weinen vernahm. Ich fragte mich, was hat das alles zu bedeuten, was geht hier vor? Ich war verängstigt, ich fühlte mich wie gelähmt. Mir war, als sei ich überhaupt nicht dort, während all das geschah. Ich bin echt ein Scheusal.

Ich zog mein OP-Hemd an, und man führte mich zum »Raum, wo der *Eingriff* stattfindet«. Noch immer redeten sie vom *Eingriff,* obgleich es in Wirklichkeit eine Abtreibung war. Sie sagten, sie würden dafür sorgen, daß ich mich entspannt fühlen würde und daß ich überhaupt nichts spüren würde. Ich habe diese Story schon mal gehört, dachte ich. Was auch immer sie machten, es reichte nicht.

Diesmal bekam ich alles mit, was passierte. Ich spürte, wie der Arzt in mich hineinging und mich untersuchte, als sei ich ein Stück Fleisch. Ich hörte diese Maschine, die Absaugmaschine, es war wie ein Staubsauger. Und als er mit diesem Absaugrohr in mich kam, dachte ich, daß dies

Schmerz ist, aber das war erst der Anfang. Diesmal fühlte ich, wie der sogenannte *Gewebeklumpen* auseinandergerissen wurde. Der Arzt ließ die Absaugmaschine so lange angeschaltet. Mir wurde schwarz vor Augen! So schmerzhaft war es. Daraufhin wurde mir erst wirklich bewußt, daß er länger brauchte, als er normalerweise gebraucht hätte. Offensichtlich war ich weiter in der Schwangerschaft, als sie erwartet hatten. Ich erinnere mich, wie durchdringend der Schmerz war, wie ich den Doktor anschreien wollte, er solle aufhören, ich würde es nicht länger aushalten. Hören Sie auf! Doch er hörte nicht auf, bis alles von meinem Baby weg war.

Ich schluchzte diesmal auf dem Behandlungstisch, ich war dermaßen aufgebracht. Ich war zutiefst unglücklich, ich war angeekelt. Ich ging zum Erholungsraum und erinnere mich, daß ich mit Weinen nicht aufhören konnte. Als es schließlich Zeit war, nach Hause zu gehen, und als ich nach draußen ging, spürte ich gar nichts! Den ganzen Weg nach Hause weinte ich. Ich kam nach Hause, ging zu Bett und weinte mich in den Schlaf. Aus und vorbei, dachte ich. Aber ich war dermaßen angefüllt mit Schuld und wußte nicht, was tun. Klar, dieser Typ und ich, wir gingen auseinander; doch wie überrascht war ich, als das passierte.

Von 1983 bis 2004 existierte ich lediglich. Ich war innerlich leer. Ich konnte nicht verstehen, warum ich jedesmal in Tränen ausbrach, wenn ich Babywerbung sah, oder warum ich Mütter beneidete, wenn sie mit ihren Babies spazieren gingen. Ich liebte Kinder, ich war, als ich aufwuchs, von meinen Geschwistern umgeben. Was war ich nur für eine Frau! Nichts Gutes an mir, dachte ich. Ich schämte mich dermaßen für das, was ich getan hatte, und wollte nicht, daß irgendjemand um meine Geheimnisse wußte. 29 Jahre lang hielt ich sie versteckt. Ich machte schreckliche Zeiten durch. Ich war depressiv, ich wußte überhaupt nichts mit mir anzufangen. Und wieder ging es abwärts. Sex, kein Selbstwertgefühl, es war mir wurscht, wer ich war oder was ich war, ich war einfach dieses leere Nichts. Es war, als sei ich in einer Höhle, im Finstern, allein, verängstigt.

Mein Leben änderte sich erst, als ich 1999 einen wundervollen Mann heiratete und katholisch wurde. Aber das ging nicht mit einem Schlag, sondern schrittweise. Gott hatte größere Pläne für mich, doch das wußte ich damals nicht. Eines abends im Februar 2004 war ich in der Kirche, als diese irische Frau mir eine Frage stellte. Ich wußte nichts zu antworten, doch sie, mir ihrer Freundlichkeit, half mir weiter. Wir wurden sehr liebe Freundinnen; Gott hatte mir an jenem Tag einen Engel geschenkt. Sie nahm mich bei der Hand und führte mich zu unterschiedlichen Dingen in der katholischen Kirche. Sie lehrte mich viele Dinge und stellte mich einem wundervollen Priester vor – Pater John McFadden.

Am 15. Oktober 2004 besuchte ich eine katholische Konferenz mit dem Titel: *Durch Seine Wunden wirst du geheilt.* Die Konferenz ging über Abtreibung. Wie wunderbar Gott doch ist, und wie gesegnet ich mich fühle. Ich besuchte diese Konferenz und legte bei Pater McFadden eine Lebensbeichte ab. Ich lernte die Anbetung kennen, und mir wurde gesagt, ich solle eine Stunde mit Jesus verbringen; so würde ich auch das Geschlecht meiner Kinder herausfinden. Ich fand heraus, daß ich einen Sohn hatte, dessen Name nun Matthias ist: sodann einen weiteren

Sohn, dessen Name Thomas ist, und weiters eine Tochter - Katharina. Jesus sagte mir, Er habe sie nach großen Heiligen benannt. Während dieses Wochenendes war ich zum ersten Mal Lektorin. Pater McFadden gab mir auch den Rat, eine *Rachels-Weinberg*-Einkehr mitzumachen.

Am 11. März 2005 nahm ich an der *Rachels-Weinberg*-Einkehr teil. Ich kann Ihnen überhaupt nicht sagen, wie wunderbar diese Einkehr war. Sie änderte mein Leben. Es war schwierig, all das aufzuarbeiten, aber ich war dabei nicht allein. Alles, was ich in meinem Leben durchgemacht hatte - mir wurde vergeben. Mir, der riesigen Sünderin, die drei Kindern willentlich das Leben genommen hatte, die alles und jedes unter der Sonne angestellt hatte, mir wurde die Gnade der Heilung zuteil, ein wirklich glückseliges Wunder.

Ich war nicht länger in diesem dunklen, tiefen Käfig. Ich war nicht länger voller Scham und Schuld. Ich war nicht länger die Frau, die ich war. Durch den Dienst dieser *Rachels-Weinberg*-Einkehr segnete mich Gott, und Er zeigte mir, daß ich Sein Kind bin. Ich bin ein Kind Gottes, ein Kind des Lichts. Jesus sagt: *Ich bin der Weg und die Wahrheit und das Leben. Wer mein Fleisch ißt, wird nie mehr hungern, und wer mein Blut trinkt, wird nie mehr Durst haben. Kommt zu mir, die ihr mühselig und beladen seid, ich will euch Ruhe verschaffen.*

Die Freude, die ich heute fühle, die Freude, ein Kind Gottes zu sein, ist wunderbar. *Rachels Weinberg* war für mich eine derart tolle Heilungerfahrung. Ich will nicht länger wie bisher die Dunkelheit mich überwältigen lassen. Gott hat mir meine Sünden vergeben, Er gab Sein Leben für mich dahin. Ich weiß, daß Er, auch wenn ich der letzte Mensch auf Erden wäre, für mich gestorben wäre. Die *Rachels-Weinberg*-Einkehr hat mir in Christus ein neues

Leben geschenkt. Ich machte Jesus ein Versprechen: Ich sagte ihm, daß meine Kinder eine Stimme haben werden, daß sie nicht länger stimmlos sein werden. Lob und Preis sei Dir, Jesus, da Du mir sagtest: *Auch Ich verurteile dich nicht.*

Der Friede des Herrn Jesu sei mit euch allen. Gott segne euch.

Dankbar.

Ich spüre meine Seele wieder

von einer Teilnehmerin

Durch das Wochenende habe ich eine Gabe an mir entdeckt. Egal wie tief meine Verletzungen waren, egal wie hoch ich die Mauer um mein Herz gebaut hatte. Egal wie tief die Seele begraben war. Ich kann trotzdem glücklich sein und anderen dabei helfen, glücklich zu sein. Ich spüre meine Seele wieder und spüre so eine tiefe Liebe in mir.

Ich möchte kurz erzählen, wie ich mein Heimkommen erlebt habe. Glücklich, belebend, mit viel Liebe habe ich meine Kinder wiedergesehen. Ich konnte ihnen so viel Liebe und Verständnis geben, wie nie zuvor. Die RW-Teilnehmer haben mir gezeigt, was Verbitterung und Überforderungen in einem Kind anrichten können. So werden jetzt meine Kinder von mir noch mit mehr Liebe erfüllt, wahre Mutterliebe.

Nach so vielen Herzschmerzen …

von einer Teilnehmerin

Als ich 15 war, verabredete sich ein Bursche mit mir, gab mir Champagner zu trinken und tat dann, was er wollte.

Ich war niedergeschmettert, ich weinte und bat ihn, damit aufzuhören. Aber er tat's nicht. Alleingelassen saß ich da, zu Tode verängstigt, auch nur irgendjemand etwas davon zu erzählen, denn ich war noch zu jung für Verabredungen und hatte meiner Mutter gesagt, ich wäre bei Freundinnen, nicht bei Burschen. Was hätte ich ihr sagen sollen? Sie wäre fuchsteufelswild geworden.

Ein anderer, älterer Bursche saß da herum und tröstete mich auf dieser Party, nachdem »meine Verabredung« mich verlassen hatte, um mit einem anderen Mädel zusammen zu sein. Ich weinte in seinen Armen. Er hörte zu. Er lud mich ein in sein Zuhause. Ich blieb bei ihm und wurde schwanger. Ich wußte sofort, daß ich wirklich Mist gebaut hatte und daß mein Leben nun zunehmend außer Kontrolle geraten würde. Die einzige Person, die ich beschuldigen konnte, war ich selbst. Ich mußte das wieder hinkriegen, bevor meine Mutter draufkommen würde. Sie würde mich umbringen. Ich war Cheerleader des Footballteams, ich war die Klassenerste und träumte davon, auf die Universität zu gehen. Man rechnete damit, daß ich etwas Besonderes sei. Meine Mutter sagte mir genau, wo es langging. Ich mußte das Ganze vertuschen, bevor sie es herausfand. Ich mußte zur Abtreibung.

Ich ging in dieser grauenvollen Nacht weg, um bei einer Freundin zu übernachten; mein geheimer Plan war jedoch, daß der Vater des Babies mich zu einer Abtreibungsklinik bringen sollte. Doch er tat's nicht. Ich rief schließlich meine Großmutter an. Ich hatte keine Wahl. Mein Geheimnis war damit raus. Ich mußte es irgendjemandem mitteilen. Ich sagte es meiner Großmutter, die es meiner Mutter sagte. Meine Mutter war fuchsteufelswild. Sie warf mir alles mögliche an den Kopf. Sie haßte mich für das, was ich getan hatte. Und sie nahm mich auf der Stelle mit zu einer Abtreibung. »Warte eine Minute. Ich wollte nur eine Abtreibung, damit du es nicht erfährst. Jetzt weißt du es. Das Geheimnis ist raus. Ich will keine Abtreibung.« So dachte ich bei mir. Aber sie sagte, ich müsse es tun. Sie nahm mich und versprach, meinem Vater nichts davon zu erzählen. Ich hielt es nicht aus, daß er wissen würde, daß ich kein kleines Mädchen mehr war. Ich war dermaßen peinlich berührt und beschämt. Ich hielt es nicht aus, mich im Spiegel anzuschauen. Wie war es nur dahin gekommen? Wie war es dahin gekommen, daß mein Leben so außer Rand und Band geriet? Das war nicht ich. In Zusammenhang mit all dem und seit diesem Tag haßte ich meine Mutter. Drogen, Burschen, Sex, Lügen und Alkohol, darum ging's fortan.

Ich flog in der Oberstufe aus dem Gymnasium, als ich mit Drogen in meinem Zimmer, wo ich nun wohnte, erwischt wurde; denn mit sechzehneinhalb Jahren war ich von Zuhause weggezogen. Ich lebte mit dem Burschen, der mich damals bei der Verabredung vergewaltigt hatte, denn meine Mutter und auch er sagten, das sei damals meine Schuld gewesen. Ich glaubte ihnen. Ich war die Ursache von allem.

Ich ging schließlich zurück zur Schule und daraufhin zur Uni. Ich fiel an der Uni durch und wurde eine Stripperin und eine Drogenprostituierte. Ich hatte noch vier weitere Abtreibungen ... Zu zweien wurde ich genötigt, die beiden letzten gingen auf meine Kappe, denn in mir war kein Gefühl mehr da und ich sagte mir, das spielt auch keine Rolle mehr, denn ich bin eh schon überdrüber.

Mein Leben war eine Hölle. Dann ... durch die Gnade brachte Gott mich zurück, Er schenkte mir Gnade und vergab mir. Er rief mich zurück in die Kirche, schenkte mir überwältigende Liebe und Heilung, Er liebte mich gesund.

Ich werde ab jetzt meine Geschichte weitererzählen, um andere vor so was zu behüten. Wenn auch nur eine Person das hier liest und beschließt, nicht diese Traurigkeit und diese Verzweiflung in ihr Leben hineinzulassen, dann hat es sich gelohnt. Nach so vielen Herzschmerzen und schmerzhaften Erinnerungen beginne ich, heil zu werden. Die *Rachels-Weinberg*-Einkehr hat mir enorm geholfen. Ich empfehle es jedem, der daran leidet, ein Kind durch Abtreibung oder Fehlgeburt verloren zu haben. Gott hat *Rachels Weinberg* die Gabe geschenkt, den Schmerz zu heilen ...

Nach 12 Jahren des Leidens beginnt endlich die Heilung

von b. g.

Etliche Jahre waren ins Land gezogen, und ich hatte etliche Sünden gebeichtet. Da hörte ich schließlich eine Predigt von Pfarrer Larry Richards[4], in welcher über den wahren Segen des Sakraments der heiligen Beichte gesprochen wurde. Am Schluß der CD ging Pfarrer Larry eine Gewissenserforschung durch. Ich erstarrte förmlich, als er sagte: »Sollten Sie jemals eine Abtreibung gehabt haben, dann beichten Sie das – Ihr Baby im Himmel betet für Sie.«

Auf der Stelle war ich in Tränen, als ich mich geradewegs nach Hause begab, um eine Liste zu erstellen, die ich mit meinem Beichtvater besprechen mußte. Mein Atem ging schwer, ich schluchzte im Beichtstuhl, als ich Pfr. Roux

4 Durch Vorträge, Exerzitien, Bücher, CD's und Videos sehr bekannter katholischer Priester in den USA.

erzählte, daß ich vor 12 Jahren eine Abtreibung hatte. Er lächelte gütig, hielt mir eine Schachtel mit Taschentüchern hin und versicherte mir, daß die Sünde losgesprochen werden würde. Es war freilich klar, daß ich über die Lossprechung hinaus der Heilung bedurfte. Pfr. Roux erzählte mir über *Rachel's Weinberg*, einen Heilungsdienst, der sich um Frauen kümmert, die an einer post-traumatischen Belastungsstörung nach Abtreibung leiden.[5]

Hätten Sie gewußt, daß es einen Namen gibt für das, was wir fühlen? Ich jedenfalls hatte überhaupt keine Ahnung; und was ich über *Rachels-Weinberg*-Einkehren erfuhr, zusammen mit der Tatsache, daß dort offensichtlich genügend andere Frauen sein würden, die mit mir in Stille mitleiden würden, schien eine enorme Last weg zu heben.

Ich ging nach Hause, um Nachforschungen über *Rachels-Weinberg*-Einkehren anzustellen, und schickte ein paar Emails an die Kontaktadressen, die auf der Webseite standen. Mit meinem Mann begann ich allerdings offenherziger über meine Erfahrung zu reden. Ich beteiligte mich

5 Die *post-traumatische Belastungsstörung nach Abtreibung* (PTBS) faßt die Krankheitssymptome zusammen, die sich nach einer oder mehreren Abtreibungen einstellen können. Die Symptome umfassen sowohl psychische/psychosomatische als auch physische Folgen der Abtreibung(en). Zum Beispiel: Depression, Verlust des Selbstwertgefühls, Gefühlskälte (»Roboterfeeling«), selbstdestruktive Tendenzen (Hautkratzen, Selbstverstümmelung, Nägelkauen), Eßstörungen, Substanzenabusus (Alkohol-, Medikamenten-, Drogenabusus), Suizidgedanken, Flashbacks, hysterische Reaktionen am Jahrestag der Abtreibung, krankhafte Vermeidungsstrategien, Übererregbarkeit, unmotivierte Weinkrämpfe, Beziehungsprobleme, Libidoverlust, Menstruationsbeschwerden, funktionelle Sexualstörungen, Blutungen, Gebärmutterperforationen, Infektionen usw. Die PTBS wird in nicht-wissenschaftlichen Publikationen auch als PAS (Post Abortion Syndrome) bezeichnet.

zudem an einer Briefkampagne, die Firmen aufforderte, ihre Unterstützung für *Planned Parenthood,* Amerikas größten Abtreibungskonzern, zu stoppen. Irgendwann hatte ich den Eindruck, es genügt eigentlich und vielleicht brauche ich nach all dem keine *Rachels-Weinberg*-Einkehr aufzusuchen.

Eines Tages - praktisch aus heiterem Himmel - erhielt ich von der Zeitung *Catholic News Herald* per Email die Anfrage, ob sie etwas veröffentlichen dürften über meine Bemühungen, *Planned Parenthood* nicht mehr mitzufinanzieren. Ich zögerte. Ich fragte mich, ob ich mit dem scharlachroten Buchstaben A (wie *Abtreibung*)[6] herumrennen wollte, aber letztendlich sagte ich zu, und wenn's auch nur dazu beitragen würde, mehr Leute zu gewinnen für meine Email-Kampagne.

Der Artikel erschien im Jänner. Wenig später erhielt ich von einer komplett fremden Person, die in dieselbe Pfarre geht wie ich und meine Familie, eine Email. Sie schrieb mir, sie habe seit Jahren stillschweigend nach einer Abtreibung gelitten, und wollte wissen, ob wir uns treffen könnten. Mein Herz schwankte. Die Gelegenheit, einem anderen zu helfen, begeisterte mich, doch fühlte ich mich riesig ungeeignet dazu. Als wir uns schließlich trafen (und auch gemeinsam weinten), beschlossen wir, zusammen eine Einkehr zu besuchen. Wir schauten nach Terminen und fanden, je früher desto besser; darum wollten wir den nächstmöglichen Termin belegen - ein Wochenende im März in der Diözese Savannah.

---

6 Anspielung auf den berühmten Roman von Nathaniel Hawthorne, *Der scharlachrote Buchstabe,* in dem eine Ehebrecherin als öffentliche Ächtung den scharlachroten Buchstaben A (für *adultery,* Ehebruch) sichtbar auf der Brust tragen muß.

Da ich mich kenne, hatte ich Angst, doch noch kalte Füße zu bekommen und in letzter Minute zu stornieren, darum buchte ich einen Flug von Charlotte nach Savannah. Meine neue Freundin ermutigte ich, das gleiche zu tun; doch sie meinte, es sei für sie das Beste zu fahren. Um ehrlich zu sein, erzählte ich in einem anderen Anlauf Pfarrer Roux, daß ich plante, eine Einkehr zu besuchen (nahezu anderthalb Jahre nach seiner Empfehlung). Sollte er mich folglich am Wochenende in der hl. Messe sehen, dann wäre es offensichtlich, daß ich zu verängstigt sei, um dahin zu gehen.

Als der Termin näherrückte, schwankte ich mehr und mehr, ihn einzuhalten. Zu guter Letzt sagte mir meine Freundin, daß sie sich nicht bereit fühle, ihre Wunden durch eine solche Einkehr erneut zu öffnen. Meine anfängliche Reaktion darauf war: »Wenn sie nicht geht, dann geh' ich auch nicht! Ich registrierte mich nur deshalb, um IHR zu helfen!«

Wie naiv von mir! Schließlich war es an der Zeit für mich, zu packen und mich auf den Weg nach Savannah zu begeben. Meine Mutter kam ins Haus, um meinen jungen Sohn zu hüten, und fragte mich, wie ich mich aufrecht hielt. Ich vermochte die Tränen, die als Antwort auf ihre Frage hochkamen, nicht zu kontrollieren. Ich hatte noch nicht gepackt und zog bereits in Erwägung, mich in irgendeinem Hotel in Savannah zu verkriechen und dort das ganze Wochenende über allein zu bleiben. Träge packte ich dann doch meine Sachen ein und nach viel Ablenkung fuhren wir los zum Flughafen.

Nie zuvor habe ich soviel Zeit beim Sicherheitscheck verbracht! Ich fand mich zu diesem Zeitpunkt damit ab, daß ich niemals bei meiner Einkehr eintreffen würde. Aber ich war darüber nicht verärgert! Ich dachte daran, ein Auto zu mieten und nach Savannah zu fahren, desgleichen dachte ich darüber nach, mich im *Ritz* in der Oberstadt einzuquartieren und derart ein paar Tage lang eine Pause vom realen Leben einzulegen. Als ich schlußendlich durch den Sicherheitscheck war, war das Tor zu meinem Flug gesperrt. Als ich zum Schalter lief, schaute mich der Angestellte der US Fluggesellschaft an und sagte: »Rebecca Griffin?« Ich war so verlegen über meine Verspätung, doch irgendwie bekam er es hin, die Crew zu bitten, auf mich zu warten, als ich nur mehr dachte, ich würde in der Patsche sitzen.

Ich ging an Bord und sah sogleich den einzig freien Platz, welcher jedoch nicht mein Platz war. Die Nacht zuvor hatte ich online zusätzlich acht Dollars bezahlt, um einen *Premium*-Sitzplatz (oder Fensterplatz) zu bekommen. Doch in dem Sitz, für den ich bezahlt hatte, saß ein Riesenkerl. Ich fragte daher: »Sind Sie 3B?«, woraufhin er antwortete: »Nein.« Die Stewardeß sagte zu mir, ich solle mich hinsetzen, denn der Abflug wäre bereit. Ich schaute zu dem Mann und sagte: »Ich habe für diesen Sitzplatz EXTRA bezahlt, darum habe ich gefragt!« Er hätte nicht gleichgültiger sein können, und in mir kochte es. Zusätzliche acht Dollars. Dabei bin ich normalerweise überhaupt nicht so. (Gott sei Dank gab's während der Einkehr Gelegenheit zur Beichte, und der Priester und ich ich lachten ordentlich über mein lächerliches Verhalten).

Die ganze Geschichte zeigt, wie unbehaglich mir zumute war, weil ich mich vor einer Gruppe von fremden Leuten verletzbar machen sollte hinsichtlich der abscheulichsten Erfahrung meines gesamten Lebens. Ich wollte einfach auf keinen Fall dort hingehen. Im Flugzeug versuchte ich,

Forbidden Grief[7] zu lesen, doch das war zu schmerzhaft, also betete ich stattdessen. Ich betete für den Mann, der auf meinem Platz saß. Ich betete für mein abgetriebenes Kind. Ich betete für all die Frauen, die wahrscheinlich gemeinsam mit mir zu dieser Einkehr kommen würden. Ich betete für Frauen, die eine Abtreibung erlebt hatten, aber nicht wußten, das Heilung für sie möglich ist. Ich betete für jeden, der mir einfiel, und endlich landete ich.

Ich holte meinen Mietwagen ab. Der Herr hinter dem Schalter fragte mich, wohin ich fahren würde. Ich sagte es ihm. Darauf er: »Hintertupfingen. Das Hendlland!!« Bravo, das war genau das, was ich brauchte, um mich zu überzeugen, dahin zu fahren ... Noch immer dachte ich darüber nach, ein Wochenende allein in Savannah zu verbringen; doch ich raffte mich auf. Auf dem Weg suchte ich in meiner Handtasche nach meiner Sonnenbrille und stellte fest, daß ein Scharnier sich gelöst hatte, so daß die Brille unbrauchbar war. Natürlich hatte ich keinerlei Wegbeschreibung ausgedruckt, weswegen ich nicht nur unsicher war, wohin ich überhaupt fahren mußte, sondern auch nicht wußte, wann ich ankommen würde. Als ich die einzige Kontaktadresse, die ich bei mir hatte, anrief, war natürlich die Sprachbox an. Natürlich. Also fuhr ich an den Seitenrand und aß zu Mittag. Das Hendl schmeckte köstlich, klar, denn ich kapierte: Ich bin ja im Hendlland. Oh je.

---

7 *Forbidden Grief. The Unspoken Pain of Abortion* ist das Standardwerk zum Thema der postabortiven Folgen und deren Heilung. Die Verfasserin ist Dr. Theresa Burke, die Gründerin von *Rachels Weinberg,* gemeinsam mit Dr. David C. Reardon, dem Gründer des *Elliot Instituts,* welches sich intensiv der wissenschaftlichen Erforschung der postabortiven Folgen widmet; siehe dazu: www.afterabortion.org.

Ich fuhr weiter durch eine Menge sehr ärmlicher Städte und wußte nach wie vor nicht, ob die Richtung stimmte, ja war eigentlich gewiß, auf dem falschen Weg zu sein. Als ich zu guter Letzt die Luftballons am Zaun entdeckte, die mir anzeigten, wohin ich sollte, war mir danach, mich zu übergeben. Mein Kopf setzte mich außer Gefecht. Ich wollte ein piekfeines Bett, ein sprudelndes Bad und ein Glas Wein. Stattdessen traf ich auf der Veranda eine lieb lächelnde Frau. Da sie mich nun mal wahrgenommen hatte, fühlte ich, daß es kein Zurück mehr gab. Ich danke Gott für sie. Das Team war noch dabei, die Ankunft der Teilnehmer vorzubereiten. Ich war ein paar Stunden zu früh da. Das bedeutete glücklicherweise, daß ich am Freitagnachmittag an der hl. Messe teilnehmen konnte. Ich wartete allein in der Kapelle. Der Priester kam daher und sagte *hallo* und fragte, wie's mir gehe. Ohne es zu wollen, wurden meine Augen zu Wasserfällen. Er lächelte und sagte: »Ich versteh'. Aber bald werden Sie sich besser fühlen. Versprochen.«

Ich glaube, ich habe geweint von meiner Ankunft um vier Uhr nachmittags an bis zu meinem Zubettgehen um elf Uhr. Ich las den dichtgepackten Stundenplan und dachte, daß sei kindisch und daß ich mich immer noch fortschleichen könne. Doch mit jeder Übung fühlte ich mich tatsächlich ein wenig besser.

Am ersten Abend, nach einem sehr guten Nachtmahl, hatten wir unsere erste »Lebendiges Wort«-Übung.[8] Ich

---

8 Damit sind die Übungen während der Einkehr gemeint, in denen bestimmte Evangeliums-Passagen aus dem Neuen Testament in das Heute übertragen werden. Die Teilnehmer der Einkehr werden auf diese Weise in eine lebendige Beziehung zu Gott geführt, der *heute,* in diesem konkreten Augenblick, durch sein wirkmächtiges, heilendes Wort zu ihnen spricht.

muß gestehen, daß – als ich davon auf dem Stundenplan las – gedacht habe, daß sei ganz einfach albern, abgesehen davon, daß sich die Übung um meine Lieblingsstelle drehte: Johannesevangelium 8,1–11: »Hat dich keiner verurteilt?« – »Keiner, Herr.« – »Auch Ich verurteile dich nicht.«[9]

Das war eine solche Offenbarung für mich: Natürlich würde keine dieser Frauen mich richten, weil ich abgetrieben hatte! Wir alle waren hier, um Vergebung und Heilung zu finden, und keine von uns würde es WAGEN, eine andere von uns zu richten. Dies öffnete die Schleusentore, und ich war schließlich befreit, meine Erfahrung auszutauschen, zusammen mit der Schuld und der Scham und der Reue, und dies innerhalb einer Gruppe, die nicht einmal vorübergehend in Erwägung ziehen würde, zu richten. Dank sei Dir, Herr!

Am Samstag standen wir früh auf und es ging früh los, was für mich nicht normal ist. Mein Mann steht mit den Kindern samstags auf, so daß ich weiterschlafen kann. Als mein Wecker um 6.30 klingelte, schreckte ich auf, war aber zugleich freudig überrascht festzustellen, wie ausgeruht ich mich fühlte. Nicht schlecht. Als ich in den Speisesaal ging, machte jeder eine Bemerkung über die »neue Rebecca«. Sie erzählten mir, die Rebecca von heute sei nicht dieselbe von gestern abend – hart, mit verschränkten Armen, weinend (noch einmal, so bin ich eigentlich gar nicht!). Ich war eine lächelnde Rebecca. Es war ein guter Start. Ich fühlte mich bereits besser.

9 Es handelt sich um die Geschichte der Ehebrecherin, die als Übung in der Einkehr verlebendigt wird.

Samstag hatten wir die Gelegenheit, *unsere Geschichte* zu erzählen. Nie in meinem Leben hatte ich bislang diese Gelegenheit gehabt. Wie auch!¿! Von der (fiesen) Scheidung meiner Eltern an - ich war gerade mal fünf Jahre alt - bis zum heutigen Tag - alles paßte nun zusammen. In den Geschichten all der anderen Teilnehmer (inklusive zweier Männer) gab es einen gemeinsamen roten Faden: ein jeder von uns kam aus einem zerbrochenen Zuhause.

Nicht eine Geschichte war wie die andere. Was mich betraf, so ließen sich meine Eltern scheiden, als ich fünf war. Das war in den 1980er Jahren. Bis auf den heutigen Tag verkehren sie nur über Anwalt miteinander. Zwei Kinder und fünf Enkelkinder gehören zu ihnen. Hochzeiten, Taufen, Erstkommunionfeiern, ... nichts ist nennenswert genug für sie, um mitzubekommen, welch' ein Schaden unserer Familie zugefügt wurde. Oder vielleicht haben sie es auch mitbekommen und sind deswegen verbittert geworden¿

Wie auch immer, ich verbrachte Jahre damit, Aufmerksamkeit zu suchen, wo immer ich sie bekommen konnte. Tätowierungen, Alk, Burschen, Musikbands ... wurscht, was es war. Ich hatte keinerlei spirituelle Grundlage und gewiß keine Achtung vor der Heiligkeit des Lebens. Als ich daher entdeckte, daß mich mein Freund, ein Rockstar, geschwängert hatte, zuckte ich nicht einmal zusammen, als er sagte: »Bringen wir's hinter uns.« Puh. Natürlich, genau so würden wir's machen. Schließlich sagte er es. Ich meine, an wen sonst sollte ich mich wenden¿ Ich war jung und leicht zu beeindrucken, und ich hatte die WAHL zu tun, was immer ich wollte.

Am Sonntag hatten wir eine liebevolle Gedenkfeier für unsere verlorenen Kinder. Nachdem wir ihnen einen Namen gegeben hatten, hatten wir die Gelegenheit, ihnen einen Brief zu schreiben, um ihnen all das zu erzählen, was wir fühlten. Ein jeder bat sein Kind um Verzeihung. Ein jeder bat um Vergebung. Ein jeder weinte.

Während ich nun ein großes Gefühl des Friedens und der Heilung empfinde, bin ich im Nachhinein fassungslos. Angewidert darüber, daß mir nie jemand mitgeteilt hatte, daß dort in meinem Schoß ein Kind war. Sprachlos darüber, daß der Abtreiber tatsächlich mit mir Smalltalk machte (seine Tochter mochte dieselben Musikbands, die auch ich mochte, und würde an besagtem Abend unsere Lieblingsband aufsuchen). Der ABTREIBER WAR DER VATER EINER TOCHTER. Das bringt mich heute geradezu um. Ich bete, daß die Tochter nie unvorhergesehen schwanger wird und daß er sein eigenes Enkelkind nicht abtreibt. Ich bin entsetzt, daß die Abtreibungsbefürworter den Schaden nicht zugeben, der einer Frau (oder einem Mann) durch die Abtreibung zugefügt wird.

Nichts auf dieser Welt könnte mir je das Gefühl geben, ich hätte die richtige Entscheidung getroffen. Die Teilnahme an der *Rachels-Weinberg*-Einkehr half mir, so viele Dinge klar zu bekommen: Ich bin nicht allein; Gott vergibt mir, weil ich bereue; und am wichtigsten: Mein Kind vergibt mir. Mein kleiner Junge wartet auf den Augenblick, wenn ich ihn in meinen Armen halten und ihm über all seine Geschwister erzählen kann, und wie sehr wir ihn lieben, und wie sehr er mir fehlt. Die *Rachels-Weinberg*-Einkehr hat mir so viel mehr als Heilung gegeben. Sie gab mir eine Fähigkeit, die ich nie zuvor besaß, nämlich fähig zu sein, präzise auszudrücken, warum ich unnachgiebig pro-life bin und warum ich meine Kinder genauso erziehen werde. Ich würde diese Erfahrung nie jemandem wünschen, und ich will, daß die Welt versteht, daß es so etwas wie ein ungewolltes Kind einfach nicht gibt.

Als ich von der Einkehr sonntags abfuhr, war ich eine neue Frau. Nach beinahe 13 Jahren war endlich ein Schlußpunkt gekommen. Ich hatte Frieden. Ich empfand, daß Gott und mein Kind mir vergeben hatten. Zehn neue Freundinnen hatte ich gewonnen, und sie alle hatten das erlitten, was auch ich erlitten hatte - manche von ihnen sogar mehrmals -, und sie alle waren jetzt auf dem Weg der Genesung.

Es vergeht kein Tag, an dem ich nicht an meine Abtreibung denke und daran, wie anders mein Leben verlaufen wäre, wenn ich mich damals anders entschieden hätte. Und Gott sei Dank vergeht jetzt kein Tag, an dem ich Gott nicht dankbar bin für *Rachels Weinberg.*

Als ich vor zweiundhalb Jahren abtreiben ließ, dachte ich, daß ich dieses Geheimnis mit ins Grab nehmen werde

von Mary

Ich hätte niemals gedacht, daß ich einmal abtreiben würde. Ich hielt Abtreibung immer für eine persönliche Entscheidung, von der ich aber niemals angenommen hätte, sie selbst einmal zu treffen.

Von fünf Geschwistern war ich die Jüngste. Ich wartete solang mit sexuellen Kontakten, bis ich mich in der Lage sah, alles, was dazu gehörte, selbst auf die Reihe zu kriegen. Ich dachte, wenn ich erst mal an der Uni bin und einen Job habe, dann könnte ich diese Art von Beziehungen führen. Ich dachte, wenn ich schwanger würde, wüßte ich, finanziell und emotional damit umzugehen. Da plante ich aber nicht einen Mann ein, der mich sitzenlassen würde und diese Zeit zu einer der fürchterlichsten in meinem Leben machte. Als er mich verließ, war ich in der fünften Schwangerschaftswoche. Ich habe mich noch nie zuvor so allein und so schrecklich gefühlt.

Ich hatte eine Abtreibung, weil ich Angst hatte, weil ich unwissend, allein und verwirrt war. Dieser kalte Februartag sollte den Rest meines Lebens verändern. Mein Leben sollte nie mehr so sein wie früher. Es wurde zu einem Leben erfüllt von Scham und Schuld. Da war eine Art von Wertlosigkeit und Leere in meinem Leben, von der ich mir nicht vorstellen konnte, daß sie jemals wieder verschwindet.

Äußerlich ging mein Leben weiter wie immer, aber innerlich war alles für immer anders. Ich dachte, daß ich mich nie wieder an irgendwas erfreuen könnte, denn der eine Mensch, mit dem ich alles hätte teilen können, war nicht mehr da. Meine Tochter war nicht mehr da, weil ich mich für die Abtreibung entschieden hatte. Meine Entscheidung hat mir nicht nur ein wunderschönes Kind geraubt, sondern auch einen großen Teil von mir selbst.

Über mein ganzes Leben denke ich in den Begriffen »vor und nach der Abtreibung«. Obwohl ich nicht fehlerlos war vor der Abtreibung, wußte ich wenigstens, daß ich die Dinge, die ich nicht an mir mochte, ändern könnte. Aber jetzt hasse ich, was ich getan habe, und es gibt nichts, was ich tun könnte, um es rückgängig zu machen. Es ist mein schmerzhaftes Geheimnis, von dem nur ganz wenige Leute wissen. Ich muß einen ganzen Teil von mir selbst vor meiner Familie, den Freunden und der Welt verstecken. Es ist schwierig, der Familie und den Freunden zu erklären, warum du die Ferien oder den Job als Vorschullehrerin nicht magst, denn du hast deine Tochter nicht mehr, mit der du all dies gemeinsam erleben solltest. Sie wissen ja nicht einmal, daß sie existiert hat, also wie könnten sie meine Leere verstehen.

Obwohl Gott und die Zeit diese offenen Wunden langsam heilen, wird eine Narbe für den Rest meines Lebens auf meinem Herzen bleiben - eine Narbe, die auf alles Einfluß hat, was ich tue, sage und fühle. Jeden Tag habe ich das Gefühl, daß ein Teil von mir fehlt. Ich habe begonnen zu lernen, damit zu leben, aber es ist echt hart. Es ist ein nie endender Kampf, von dem ich manchmal dachte, daß ich ihn verlieren würde. Die letzten zwei Jahre waren ein Trip in die Hölle und zurück, wo es auch Zeiten gab, da mir Selbstmord als die beste Lösung erschien, aber ich werde mich nicht noch einmal auf das Morden einlassen. Ich habe auch deshalb nicht Selbstmord begangen, weil ich Angst hatte, daß man dann über mein Geheimnis reden würde und dies meine ganze Familie erschüttern würde.

Ich bin froh sagen zu können, daß ich mich langsam erhole - mit Gottes Hilfe und der meiner Freunde, mit denen Gott mich gesegnet hat. Ich befinde mich jetzt auf dem langen Weg, wieder zu mir zu finden und mich vielleicht auch wieder zu mögen. Es ist erstaunlich, daß meine Tochter, die niemals einen Atemzug auf dieser Erde machen durfte, so einen Einfluß auf mein Leben hatte.

Ich fürchtete mich zu Tode, das *Rachels-Weinberg*-Einkehrwochenende zu besuchen. Ich war so argwöhnisch gegenüber dieser Teilnahme, daß ich einem Freund sagte, er sollte mich nur aus dem Auto aussteigen lassen und mit meinem Auto dann wieder wegfahren, so daß ich nicht *flüchten* konnte. Was ich an diesem Wochenende erlebt habe, ist schwer in Worte zu fassen. Innerhalb dreier Tage bin ich durch so viele Gefühle gegangen, aber ich mußte durch nichts alleine gehen an diesem Wochenende. Es war immer jemand da mit einer Umarmung oder mit Worten, die man gerade so dringend brauchte. Die meiste Zeit brachten wir damit zu, unsere Erlebnisse zu teilen, zu beten und heilende Worte von anderen zu empfangen. Das Schönste passierte dann am Samstagabend während einer geistigen Übung. Ich durfte meine Tochter Colleen Malika mit Jesus im Himmel sehen. Da habe ich verstanden, daß sie mich nicht haßt. Das zu wissen, hat einen großen Stein von meinem Herzen genommen und mir die Tür zur Selbstvergebung geöffnet. Dies läßt Hoffnung in meinem Herzen aufkeimen.

In tiefer Dankbarkeit

von B. L.

Liebe ...,

Du hast mich um ein Zeugnis gebeten, wie Gott durch *Rachels Weinberg* an mir gewirkt hat. Das Erlebte wirkt immer noch nach. Das Wochenende war ein sehr intensives Erlebnis hin zum Guten, zur lebendigen Erfahrung der Gnade Gottes und zur immerwährenden Gegenwart Jesu Christi.

In mir ist etwas lebendig geworden, das abgestorben war. Die Beziehung zu meiner Mutter ist geheilt, aus Haß und Ablehnung ist Vergebung und Mitgefühl für ihre menschlichen Schwächen geworden. Meine Schuldgefühle meinen vier Kindern gegenüber haben sich aufgelöst, ich kann ihnen jetzt emotional viel näher sein und ihnen sein, was ich davor nicht sein konnte, eine Mutter mit einem bedingungslosen *JA* zum Leben, mit Lebensfreude und Seelenfrieden, die ihre Vergangenheit segnet, so wie sie war.

Die Beziehung zum Vater der beiden getöteten Kinder und meiner beiden erwachsenen Kinder ist nach wie vor tot. Er war der Stein, den ich abgelegt habe.[10] Ich bete, daß ich ihm vollkommen vergeben kann, um selbst frei zu sein und vollkommene Vergebung zu erlangen. Ich glaube, ich vertraue, daß Jesus die tiefen Wunden, die wir einander, unseren Kindern und unseren Familien durch die Abtreibung und den dadurch folgenden zehnjährigen Scheidungskrieg zugefügt haben, heilen wird. Ich weiß aber auch, daß ich die Verantwortung für die Vergehen meines geschiedenen Mannes nicht mehr tragen will und daß echte Heilung nur in der Wahrheit, nicht in meiner Wahrheit, nicht in seiner Wahrheit, sondern in der Wahrheit des Heiligen Geistes liegt, in die uns Jesus führen möge.

Gott segne Dich und alle, die in RW arbeiten!

In tiefer Dankbarkeit.

Der wirkliche Weg ins Leben zurück

von Maria

Vor nunmehr fast drei Jahren ließ ich, im Nachhinein gesehen völlig überstürzt und viel zu wenig überlegt, im 43.

---

10 Anspielung auf eine Übung, bei der jede/r während der Einkehr einen Stein mit sich herumträgt, der symbolisch die Last darstellt, die das Leben des Teilnehmenden niederdrückt und die es im Laufe der Einkehr zu erkennen, zu benennen und sodann Gott abzugeben gilt.

Lebensjahr eine Abtreibung vornehmen. Ich war damals wie gelähmt, der Arzt sagte, ich müsse nur drei Tabletten (Mifegyne) schlucken. In der Nacht darauf, als ich wirklich merkte, daß mein liebes Kind aus meinem Körper entschwand, brach ich in einem nicht mehr endenden Weinkrampf zusammen. Mein Mann war nahe daran, die Rettung zu verständigen. Was dann kam, waren Verzweiflung, Schuldgefühle, tagelanges Weinen ...

Man kann diesen Zustand eigentlich nicht als »Leben« bezeichnen. Ich wollte mir ständig das Leben nehmen, um zu meinem lieben Kind zu gelangen. Ich fühlte mich von Gott verstoßen, ungeliebt, verabscheuungswürdig. Meine Kinder spürten deutlich, daß etwas mit mir nicht stimmte. Meine erwachsene Tochter wandte sich völlig von mir ab. Meinem erwachsenen Sohn habe ich auf Anraten eines sehr lieben und nahen Menschen von der schrecklichen Abtreibung erzählt. Meine jüngste Tochter litt unter Angstzuständen. Ich konnte kaum mehr für meine Familie da sein, zärtliche Begegnungen mit meinem Mann waren unmöglich. Ich wollte nur eins: STERBEN - zu meinem lieben Kind gehen.

Ich war auch in psychologischer Betreuung, was mir jedoch nicht viel brachte. Im Spätsommer des vergangenen Jahres fiel mir in einer Kirche ein Folder zum Thema *Abtreibung* in die Hände. Dort fand ich den Kontakt von *Rachels Weinberg Österreich.* Ich rief sofort dort an und durfte schon in einer guten Woche bei der Einkehr teilnehmen. Gott mit seiner grenzenlosen Liebe hat mich dorthin geschickt zu diesen von seiner Gnade beseelten Menschen - ich weiß das nun!! Ich fuhr mit so viel Angst im Herzen dorthin - ich war ja Abschaum!!

Diese Menschen sind Werkzeuge Gottes - sie haben mich gerettet, mir mein liebes Kind *Isabella* - ich habe sie dort so genannt - wieder in mein Herz zurückgelegt. Ich durfte in vielen schönen und vor allem heilsamen Übungen und Gebeten Gott um Verzeihung bitten, und Er hat mir verziehen. Dies ist der einzig wirkliche Weg ins Leben zurück - wir müssen um unsere Kinder endlich trauern, alles herauslassen, auch den Zorn, unsere lieben Kinder Gott anvertrauen und durch Reue und Vergebung die Liebe wieder zulassen.

Mein Kind ist nun bei mir, in meinem Herzen, ich darf mit ihm sprechen. Das Verhältnis zu meinen erwachsenen Kindern wird langsam besser.

Liebes Team von *Rachels-Weinberg*-Einkehr - (...), ihr habt mir das Leben gerettet. Das Beten fällt mir zwar manchmal schwer, aber ich weiß, daß Gott mich nicht verstößt, sondern uns alle liebt.

Ich werde die Einkehr auch mit meinem Mann einmal machen.

In tiefer Verbundenheit und Dankbarkeit, Maria.

... daß DU meine schwere Schuld in Segen verwandelt hast

von Maria Str., 21.10.2015

Da ich leider selbst eine Betroffene bin, nahm ich vom 4.-6. September 2015 am *Rachels-Weinberg*-Seminar teil.

Mit 18 Jahren habe ich geheiratet und mit 19 Jahren wurde mein erstes Kind, mein Sohn, geboren. Nach drei Monaten war ich bereits wieder schwanger. Da es mir in der ersten Schwangerschaft sehr schlecht erging und mein

Gatte leider sehr viel trank und wir keine gute Ehe hatten, wollte ich nicht so schnell wieder ein Kind und ließ es abtreiben.

Die Abtreibung war für mich eine *Befreiung!* Auch dachte ich, daß ich danach sicher nicht mehr schwanger würde.

Mit der Zeit merkte ich, daß die Abtreibung eine schwere Sünde war und ich entfernte mich immer weiter von Gott.

Endlich bekannte ich in der Beichte meine Sünde und ich war frei, so dachte ich. Ja, Gott hat mir die Sünde vergeben, aber mein Kind hatte keinen Platz in meiner Familie, ich hatte es ja nie angenommen!

Fünf Jahre nach der Geburt meines ersten Sohnes wurde mein zweiter Sohn geboren. Ich war sehr froh und glücklich.

Danach nahm ich 12 Jahre lang, bis zur Entfernung der Gebärmutter, die Pille.

Vor 26 Jahren starb mein Mann und wir konnten uns gottlob am Sterbebett versöhnen.

Beim *Rachels-Weinberg*-Seminar konnte ich mein »abgetriebenes Kind« annehmen, meinem Kind einen Namen geben, in meine Familie integrieren und mein Kind um Vergebung bitten, daß ich, seine Mutter, es tötete. Mir, einer Mörderin, wurde Befreiung und Heilung geschenkt.

Danke dir, Gott Vater, für diese große Gnade!

Auch bekam ich beim *Rachels-Weinberg*-Seminar den Impuls, daß ich beim *7. Welt-Gebets-Kongreß für das Leben* vom 2.-7. Oktober 2015 in Fatima teilnehmen soll. Den *1. Welt-Gebets-Kongreß für das Leben* vom 4.-8. Oktober 2006 in Fatima hatte ich besucht, die inzwischen stattgefundenen Kongresse besuchte ich nicht.

Fatima – die Mutter Gottes rief mich!

Beim *1. Welt-Gebets-Kongreß* 2006 wurde beim Beten des Kreuzweges am 6. Oktober 2006 ein Kreuz mit Instrumenten, welche für die Abtreibung verwendet wurden, mitgetragen. Durch dieses Kreuz brach bei mir die Wunde der Abtreibung wieder auf, welche ich nochmals in die Beichte brachte. Wieder dachte ich, daß jetzt endlich alles heil sei.

Beim *7. Welt-Gebets-Kongreß* in Fatima gab ich beim Workshop am 4.10.2015 Zeugnis über meine Abtreibung und ich sagte, daß ich nur jeder Frau raten kann, wenn sie eine Abtreibung hatte oder wenn sie die Pille oder Spirale nahm, unbedingt ein *Rachels-Weinberg*-Seminar besuchen soll.

Auch sprach ich in Fatima am 6. Oktober 2015 mit einem Priester über meine Abtreibung und über die Pille. Dieser Priester betete leise über mich und fragte mich, ob mir während des Gebetes ein Name einfiele - und mir fiel ein »Name« ein. Ich nannte ihm den Namen, und er betete leise weiter und er fragte mich wieder, ob mir ein »Name« einfiele - und wieder bekam ich einen Namen. Dies war dreimal, beim vierten Mal bekam ich keinen Namen mehr, und der Priester sagte mir, daß durch die Pille, welche ich 12 Jahre nahm, 3 Kinder abgetrieben wurden. Ich war erschüttert und entsetzt. Doch er sagte, gut, das dies jetzt ans Licht kam, und er betete weiter für die abgetriebenen Kinder und mich und sagte, jetzt haben die Kinder, welche ich durch die Pille verlor, endlich ihren Platz bekommen, und er gab mir den Segen.

Lieber Gott ich danke Dir von ganzem Herzen, daß Du mir durch das *Rachels-Weinberg*-Seminar und Fatima meine schwere Schuld in Segen verwandelt hast.

Am Sonntag, dem 4.10.2015 beim Workshop in Fatima, und am 21.10.2015, beim Gebetskreis in Leibnitz, gab ich Zeugnis von meiner Abtreibung und meiner Befreiung und Heilung.

Ich danke dir, Gott Vater, Sohn und Hl. Geist - Lob, Preis, Ehre und Anbetung in Ewigkeit! Danke auch dir, meine himmlische Mutter Maria und allen Engeln und Heiligen.

Geheilt, gehalten, ganz

von Jennifer

Diese Erfahrung war so außerordentlich und kostbar für mich. Ich kann ehrlich sagen, daß mein Leben eine neue Bedeutung hat. Jahrelang habe ich mich selbst bestraft, unbewußt verletzte ich mich selbst, weil ich nicht wußte, wie ich meine Abtreibungen sinnvoll betrauern sollte. Die Mitarbeiter der Einkehr zu erleben und an den *Übungen des Lebendigen Wortes*[11] teilzunehmen, das war so heilsam für mich, daß ich wie neugeboren und tatsächlich im Frieden aus der *Rachels-Weinberg*-Einkehr nach Hause kam. Wenn du irgendwelche Zweifel hast, ob du diese Einkehr machen sollst, dann trau diesen Zweifeln nicht. Vertraue vielmehr darauf, daß Gott dich aus irgendeinem Grund zu dieser Webseite geführt hat. Ich verspreche dir, du wirst aus der Einkehr kommen und ein neuer Mensch sein.

11 Siehe Fußnote 8 auf Seite 44.

Unsere Geschichte

von Susan Swander, Oregon, USA

Mein Name ist Susan Swander, ich bin sechzig Jahre alt und lebe in Oregon. Dies hier ist die Geschichte meiner drei Abtreibungen und meiner Heilung vom *Post-Abortion-Syndrom* (PAS).[12]

Ich habe zwei Zielsetzungen, warum ich den ganzen Schrecken mitteile, wie ich 36 Jahre lang an PAS litt. Erstens: Ich will allen post-abortiven Eltern sagen, daß es Hoffnung und Heilung gibt.

Zweitens: Ich will dafür sorgen, daß alle Eltern, die eine Abtreibung erwägen, sich des Horrors bewußt werden, der sie erwartet; denn diejenigen, welche die Abtreibung anbieten, werden ihnen nicht alle wichtigen Informationen liefern. Die Abtreibungsverkäufer werden nichts von den negativen Folgen der Abtreibung erzählen.

1968 - ich war damals 18 Jahre alt - war ich sexuell aktiv und wurde schwanger. Es war die flüchtige Beziehung einer Nacht, der Kindsvater war längst auf und davon. Ich wollte nicht, daß meine Eltern Bescheid wußten über mein promiskuitives Verhalten, darum ging ich zu Freunden, die radikal *pro choice*[13] waren, die mich betrunken machten und mir zu einer Abtreibung in Mexiko verhalfen.

Sechs Jahre später hatte ich eine Affaire mit einem verheirateten Mann, der darauf bestand, daß ich abtreibe, als sich eine Schwangerschaft einstellte. Und in 1991 wurde ich von diesem verheirateten Mann erneut schwanger. Und

---

12 Siehe Fußnote 5 auf Seite 39.

13 *Pro choice* ist der Slogan der Abtreibungsbefürworter. Gemeint ist damit, daß die Tötung des ungeborenen Kindes einzig in die sogenannte Wahlfreiheit des Erwachsenen fällt.

wieder stellte er mich vor die Wahl - entweder er oder die Abtreibung. So hatte ich meine dritte Abtreibung.

Ich erinnere mich, daß ich nach jeder Abtreibung eine Art Erleichterung empfand deswegen, weil ich nicht länger schwanger war. Aber diese Erleichterung hielt nicht lange an. Meine Trinkerei und mein promiskuitives Verhalten nahmen in dramatischer Weise zu. Dann kamen Drogen hinzu und ein tödliches Auf und Ab mit Essen und Abmagerungsdiäten. Ich hatte eine Fehlgeburt. Ich verliebte mich dutzende von Malen, ohne daß eine Beziehung je was geworden wäre. Zweimal heiratete ich und wurde geschieden. Diese Höllenspirale dauerte 36 Jahre.

Meine Heilung begann mit kleinen Schritten - 1981 mit der Geburt meines Sohnes, 1985 mit Gottes Geschenk der Trockenheit und 1997 mit meiner Rückkehr zum katholischen Glauben.

Im Herbst 2003 sah ich in der Pfarrzeitung eine Anzeige einer *Rachels-Weinberg*-Einkehr für Heilung nach Abtreibung. Ich schaute mir die Webseite von *Rachels Weinberg* an und heulte ganze Eimer voll, als ich sie las. In 36 Jahren war es das erste Mal, daß ich meine Abtreibungen als das anschaute, was sie wirklich waren - die Tötung meiner drei Kinder.

Es dauerte eine Weile, bis ich den Mut fand anzurufen, doch Gott sei Dank, ich tat's, und im April 2004 nahm ich an einer *Rachels-Weinberg*-Einkehr teil. Welch' eine außerordentlich heilsame Erfahrung war dieses Wochenende!

Worte beschreiben nicht hinreichend die Liebe, das Mitgefühl und das Verständnis, die ich während der Einkehr erfuhr. Und was vielleicht am wichtigsten war: Ich begegnete meinen drei Kindern und gab ihnen einen Namen -

Lukas, Grace und Benjamin. Mir wurde Vergebung geschenkt - von ihnen und von Gott. Und ich lerne, mir selbst zu vergeben. Jedes Mal, wenn ich meine Geschichte mitteile, heile ich wieder ein bißchen mehr. Bei der Einkehr versprach ich meinen Kindern, daß ich sie nicht länger verstecken würde und daß ich unsere Geschichte mitteilen würde, wann immer es ginge.

Ich wurde eine Mitarbeiterin im *Rachels-Weinberg*-Team in Oregon. Dies gehört zu meinem anhaltenden Heilungsweg, und es ist für mich zugleich eine wunderbare Art und Weise, einen kleinen Teil von dem Geschenk weiterzugeben, welches ich selbst in meiner Einkehr empfangen habe.

Wenn Du dieses Zeugnis jetzt liest und gerade über eine Abtreibung nachdenkst, dann überleg' Dir's nochmal. Die Abtreibung wird Dir unsägliche Pein und unsägliche seelische Qual bereiten. Wenn Du bereits eine Abtreibung hattest, dann wisse, daß es Heilung gibt. Niemand von uns muß mit der Scham, der Schuld und dem Schmerz nach einer Abtreibung allein fertig werden.

Und etwas gehört jetzt zu mir

von einer Teilnehmerin

Abtreibung und sexuelle Gewalt ist mit das existentiellste Ereignis, welches einem Menschen widerfahren kann. Mein Leben hat sich nach diesen nur drei Tagen der *Rachels-Weinberg*-Einkehr total verändert. Ich sehe die Welt nicht mehr durch diesen Schleier aus Nebel, Mutlosig- und Kraftlosigkeit. Ich habe mehr Lebenskraft und Freude, und etwas gehört jetzt zu mir, was vorher abgespalten war. Das ist ein total neues Lebensgefühl.

Vor ein paar Tagen hat die Person, der ich den Brief an dem *Rachels-Weinberg*-Wochenende geschrieben habe[14], mir das erste Mal seit Jahren einen ehrlichen Brief geschrieben. Das fand ich doch sehr bemerkenswert. Ich habe ihr meinen Brief aber nicht abgeschickt. Auch waren nach dem Wochenende die Telefonkontakte mit meinen Eltern von einer anderen Qualität. Dieses Gefühl, für sie ständig verantwortlich sein zu müssen, diese Angst um sie, das ist nicht mehr da.

Und am erstaunlichsten empfand ich es, als ich Sonntagabend nach Hause kam und mein Mann und die Kinder schon auf mich warteten und mich offensichtlich vermißt hatten. Da die folgenden Tage auch ähnlich abliefen, habe ich mich dann doch ernsthaft gefragt, ob ich diese Art der Zuneigung und Zuwendung einfach vorher nicht wahrnehmen konnte. So vieles einfach fehlinterpretiert habe. Ich denke, das könnte sein. Ich bedanke mich bei C., die mich so liebevoll innerhalb einer Übung berührt hat. Mir ist dabei klargeworden, daß ich solches vorher nie erlebt habe.

Auch die schöne Einheit des ganzen *Rachels-Weinberg*-Teams, die nach außen spürbar war, hat mich sehr berührt.

14 Während der Einkehr werden die Teilnehmer aufgefordert, einen Brief an die Person zu schreiben, auf die sie am meisten wütend sind. Dieser Brief wird nicht abgeschickt, soll freilich dem Briefschreiber helfen, subkutane, meist verdrängte Gefühle der Wut, des Zorns, der Rache etc. zu klären und davon frei zu werden.

Meine Geschichte … ich bin eine Mutter, die abgetrieben hat

von Jennifer

Ich leide an meinen inneren Wunden, die mein Herz durchbohrt haben an jenem Tag vor 16 Jahren, als ich mich dafür entschied, mein Baby abtreiben zu lassen. Ich war 18 Jahre alt, Single, und hatte gerade mit der Uni begonnen, als ich merkte, daß ich schwanger war. Ängstlich und verwirrt suchte ich bei Gleichaltrigen Rat, beim Kindsvater und in einer Frauenklinik.

Die »Botschaften«, die sie mir vermittelten, und der Mangel an Kommunikation mit meiner Familie ließen mich noch verwirrter und ängstlicher werden. Die Klinik und die Gleichaltrigen unterstützten die Entscheidung abzutreiben. Meine Beziehung zum Kindsvater ging gerade in die Brüche, und ich selbst versuchte mich in einem Neustart und einer Neupositionierung an der Uni.

In Panik vor der Zukunft und dem »wahren Leben«, entschied ich mich dafür, die Schwangerschaft abzubrechen (so wurde das damals genannt), in der Hoffnung, daß dies meine Notlage beenden würde und ich einfach weiterleben könnte. Ich betrat die Klinik als ein verängstigtes Kind und verließ die Klinik Stunden später verwundet für den Rest meines Lebens. Da gab es so viele Dinge, über die ich nicht informiert wurde. Besonders die lang anhaltenden emotionalen und geistigen Auswirkungen.

Als ich begriff, was ich getan hatte, griff ich zu Alkohol und Drogen, um den Schmerz zu lindern. Ich wurde depressiv und vergrub mich in meinen akademischen Studien an der Uni. Die unbehandelten emotionalen und geistigen Wunden vervielfachten sich und wuchsen. Schuld, Scham,

Schmerz und Reue bildeten ein großes »schwarzes Loch« in meinem Inneren. Ich versuchte, dieses Loch mit zahlreichen Dingen zu stopfen: Heirat, Kinder, Karriere und Ehrenamt. Die nächsten 16 Jahre fühlte ich mich isoliert, deprimiert und ängstlich. Ich verdammte mich ununterbrochen für das, was ich getan hatte. Ich hatte ewige Strafe »verdient« und suchte mir nur Beziehungen aus, in denen ich mißbraucht wurde, da ich dachte, Liebe, Ehre und Respekt nicht verdient zu haben.

Ein Schwert durchbohrte jedes Mal mein Herz, wenn ich das Wort *Abtreibung* hörte, ein *pro-Life*-Plakat sah, einen *pro-Life*-Prediger in der Messe hörte oder einen Artikel über Abtreibung las. Ich wiederholte mir, daß ich eine Mörderin war, und zählte mich selbst zu den Bösen, weil ich das Leben meines ungeborenen Kindes vernichtet hatte. Der Schmerz in mir wurde untragbar - nur einige Wenige wußten davon - diejenigen, die diese Entscheidung befürwortet hatten. Es war mein verborgenes Geheimnis. Wem konnte ich es sagen? Was würde man mir antworten? Wer könnte diesen Schmerz verstehen oder mir helfen, damit fertig zu werden?

Ich fühlte mich einsam, gleichzeitig wußte ich, daß ich etwas unternehmen mußte. Diese Wunde beeinflußte alle meine Beziehungen - die Beziehung zu mir selbst, zu Gott und zu den anderen. Meine Selbstverdammung führte mich an den Rand des Selbstmordes. Ich besuchte die heilige Messe mit meiner Familie, fühlte mich aber niemals würdig, dort zu sein, wegen der schweren Schuld und der Scham.

Es gibt Hoffnung ... Einmal blätterte ich in einer Zeitschrift und meine Augen blieben bei einer kleinen Anzeige hängen. Sie war von einer Organisation namens *Rachels*

Weinberg. Ich las und wurde mit Hoffnung und Freude erfüllt. Es war von Hilfe für die von Abtreibung Verwundeten die Rede. Ich brauchte Wochen, um den Mut zu fassen, den Hörer in die Hand zu nehmen und anzurufen. Ich danke Gott ständig für *Rachels Weinberg,* denn mein Leben war danach nie mehr wie vorher. Ich hatte jemanden gefunden, der mich verstand und der mir helfen wollte, meine tiefe Wunde zu heilen. Ich fand Annahme, Mitleid, Unterstützung und Führung. Ich erfuhr die heilende Berührung unseres Herrn durch die Unterstützung des *Rachels-Weinberg*-Teams.

Mit der Hilfe einiger wunderbarer Priester und einiger Frauen, deren Abtreibungswunden ausgeheilt waren, trat ich meine Reise zurück zu Gott an. Es war keine einfache Reise. Der Lohn, nämlich der Friede der Seele und des Herzens durch Gottes Gnade und Barmherzigkeit, und eine erneuerte Beziehung zu IHM haben alle Schmerzen dieser Reise aufgewogen.

Reise in Richtung Vergebung ... Die Reise beinhaltete: Namensgebung für mein Kind und Aufbau einer geistigen Beziehung zu meinem Kind, das jetzt in den Armen des Herrn ist; mich mir selbst zu stellen und all jenen, die in die Abtreibung verwickelt waren, Aufarbeitung von Wut und Bitterkeit, Vergebung für mich selbst und die Anderen. Ich stellte meine Beziehung zu Gott wieder her, indem ich Seine unendliche Liebe und Barmherzigkeit für mich fühlen und annehmen durfte. Ich besuchte gemeinsam mit anderen Frauen, die abgetrieben hatten, ein Einkehrwochenende und entdeckte, daß ich nicht allein war mit meinem Schmerz und daß viele andere Frauen ebenso litten wie ich.

In unserer tiefsten Verzweiflung kamen wir als Kinder Gottes zusammen, verwundet und leidend an unserer Selbstverdammung, der selbstzugefügten Schuld und Scham. Gemeinsam sind wir der unendlichen Barmherzigkeit Christi und Seinem Mitleid begegnet - in Christi Beispiel selbst, aber auch in der Begegnung mit den Mitarbeitern und Teilnehmern in der Einkehr, dem Priester, den postabortiven Frauen und den Begleitern. Andere in jenem tiefen Schmerz zu sehen, den ich gelitten hatte, bewegte mein Mitleid und erzeugte den Wunsch, ihren Schmerz zu erleichtern. So konnte auch ich zulassen, daß andere meinen Schmerz lindern wollten.

Das Wochenende war eine Chance, den Verlust meines Kindes zu betrauern, zusammen mit anderen, die ebenfalls einen solchen Verlust erlitten hatten. Ich habe dieses Lebenskapitel gewissermaßen abgeschlossen durch das Sakrament der Versöhnung, eine Gedächtnisfeier für die Babies und die Feier der heiligen Messe für ihre verstorbenen Seelen. Ich werde den Schmerz noch hie und da spüren für den Rest meines Lebens, aber dieses schwere Gewicht, das auf meinen Schultern lastete, wurde nahezu weggenommen.

Ich konnte es mir nicht vorstellen

von einer Teilnehmerin

Durch Zufall erfuhr ich von *Rachels-Weinberg*-Einkehr und habe nach intensiver Recherche der Internetseite von RW gewußt, das ist ein Wochenende für mich, da möchte/muß ich dabei sein. Und nein, es war kein Zufall, sondern Gottes Wille, hiervon zu erfahren. Denn ich bin Betroffene und bewahre mein Geheimnis seit Jahrzehnten. Ich konnte es mir nicht vorstellen, aber es ist wirklich so. Es ist kein Einkehrwochenende wie andere. Der Aufbau, die vielen Meditationen, Texte und vor allem die vielen Stationen, Zeichen, liebevollen Geschenke und offenen Gespräche waren so segensreich.

Ich war sehr berührt von der liebevollen, wohlwollenden Führung der Mitarbeiter und dem vertrauensvollen, ehrlichen Miteinander. Die Liebe Gottes, Vergebung und Heilung in solch einer Tiefe zu erfahren, ist etwas Besonderes und Einzigartiges. Gott schenkte mir Heilung und Befreiung und einen ganz tiefen Frieden, wie ich ihn mit Worten eigentlich nicht auszudrücken vermag.

Mein Enkelkind wurde abgetrieben

von einer Großmutter

Ich bin so dankbar, daß ich die *Rachels-Weinberg*-Einkehrtage besuchen durfte. Ich selbst hatte keine Abtreibung, aber die Frau meines Sohnes hatte eine. Die Einkehrtage retteten unsere Beziehung.

Mein Kummer über die Abtreibung war sehr komplex, denn viele meiner Verwandten verbaten mir, jemals mit irgendwem über die Abtreibung zu sprechen. Um ehrlich zu sein, hätte ich ohnehin nicht gewußt, mit welcher Freundin ich darüber hätte reden können oder wie man dieses Thema überhaupt hätte ansprechen sollen.

Jahrelang gärten Trauer und Zorn vor sich hin. Jedes Mal, wenn ich das »Vater unser« betete, fühlte ich mich wie ein Heuchler - jedes Mal, wenn ich betete »wie auch wir vergeben unseren Schuldigern«, hatte ich das Gefühl, Gott anzulügen.

Der Schmerz, daß ich mich damit nicht auseinandersetzen durfte, wurde übergroß, und so beschloß ich, *Rachels-Weinberg*-Einkehrtage zu besuchen. Im Jänner meldete ich mich an, aber ich mußte bis Mai warten.

Ein paar Wochen vor dem Einkehrwochenende mußte ich einen Fragebogen ausfüllen, so daß die Veranstalter ein wenig Kenntnis über mich erhielten, damit sie mir umso besser helfen konnten. Mit einem der Veranstalter führte ich auch ein Telefonat, indem der Heilungsprozeß sofort begann. Letztlich war ich in der Lage, frei über meine Erfahrung sprechen zu können. Dies war merkwürdig, aber befreiend!

Kurz vor dem Einkehrwochenende bekam ich Angst und fast hätte ich meine Meinung geändert und abgesagt. Ich bekam sogar Verdauungsstörungen. Ich konnte mit der Leiterin darüber sprechen, und sie versicherte mir, daß all diese Symptome normal wären. Sie versicherte mir auch, daß für mich gebetet wurde, was mich sehr tröstete.

Dann kam der Tag, an dem das Einkehrwochenende begann. Ich hatte noch immer Angst oder Bedenken, daß die Veranstalter irgendetwas von uns verlangen würden, das uns peinlich oder dumm dastehen lassen würde. Und ich schmiedete Pläne, daß mich ein Freund am nächsten Morgen abholen sollte, falls es mir nicht gefiele. Wie auch immer, zehn Minuten nach Beginn wußte ich, daß ich einen sicheren Hafen gefunden hatte und bis zum Ende bleiben würde.

Sie haben uns gut genährt (Kummer braucht gute Nahrung!), sie versorgten uns mit unendlich vielen Schachteln mit Taschentüchern, und die Liebe, mit der sie uns umgaben, treibt mir heute noch Tränen der Dankbarkeit in meine Augen. Niemand wurde gezwungen, irgendetwas mitzumachen, bei dem man sich unwohl fühlte, und ich denke, jeder fühlte sich sicher genug, daß er offen sein Herz ausschütten konnte.

Es gab Zeiten, da war die ganze Gruppe zusammen, es gab Zeiten, da bildeten wir Kleingruppen, um unsere Situationen im Einzelnen betrachten zu können, und es gab Zeiten mit dringend benötigten Pausen, in denen man allein fernab der Gruppe sein konnte.

Für die Nacht hatten wir unsere eigenen kleinen Schlafzimmer. Ich kann mich erinnern, gehört zu haben, daß das Team zeitig gekommen war, um die Betten für uns zu beziehen, und diese Geste hat mich tief berührt. Wir wurden so geliebt und umsorgt. Es gab nichts, für das nicht gesorgt worden wäre. Einer der Teamleiter war sogar dafür abgestellt, daß er - Tag oder Nacht - zum Supermarkt laufen würde, um uns zu holen, was wir bräuchten; es war aber alles so gut vorbereitet, daß dieser Dienst nicht in Anspruch genommen werden mußte.

Am Sonntag hatten wir den Gedenkgottesdienst und es war wunderbar. Ich war in der Lage, meinem kleinen Enkel jene Verabschiedung zukommen zu lassen, die er sich verdient hatte. Danach feierten wir die Heilige Messe für die katholischen Teilnehmer, und anschließend gab es eine nichtkonfessionelle Feier für jene, die nicht katholisch waren.

Als wir uns zum Abschied versammelten, war ich traurig, daß das Wochenende vorbei war, aber ich wußte, daß es an der Zeit war, als neue Person zurück in die Welt zu gehen. Es war schwer zu glauben, daß so viel Heilung in nur drei Tagen geschehen konnte. Und wie ich es gegenüber einem Teamleiter ausdrückte - als wir am Freitag ankamen, war es wie Karfreitag - Tod, Unsicherheit und Trauer. Am Sonntag am Nachmittag, als wir gingen, war es wie am Ostermorgen - wir hatten ein neues Leben, ein besseres Leben!

Als ich darauf wartete, in das Flugzeug zu steigen, hatte ich das Gefühl, irgendetwas vergessen zu haben. Ich fühlte einen hohlen Raum, da, wo zuvor der ganze Groll gewesen war. Ich fühlte mich, als ob ich für lange Zeit einen großen Stein oder ein schweres Gewicht mit mir herumgeschleppt hätte, aber jetzt war es nicht mehr Teil von mir. Dieses Gefühl hielt einige Tage an, bis mich daheim der Alltag wieder eingeholt hatte. Ich erwartete, daß diese Last zurückkommen würde, nachdem dieses Hochgefühl des Einkehrwochenendes verflogen war. Doch es kam nie mehr zurück.

Kurz nach dem Einkehrwochenende kam eine Situation mit meinem Sohn und seiner Frau auf, die fast zu einer endgültigen und dauerhaften Entfremdung geführt hätte. Ich bekenne, daß es einzig das Verdienst des Heiligen Geistes war, der durch die *Rachels-Weinberg*-Einkehr in mir zu wirken begann, daß die Beziehung zu ihnen gerettet werden konnte und wir einen Neuanfang machen konnten.

Rachels Weinberg zeigt uns, daß wir nicht alleine leiden müssen und daß wir nicht für immer leiden müssen in dem Zustand, in dem wir waren. Wenn euer Leben aufgrund der Auswirkungen von Abtreibung für euch untragbar geworden ist, wendet euch bitte an *Rachels-Weinberg*-Einkehr. Gott segne euch. - Eine dankbare Großmutter

Wie Du unsere Tränen trocknest

von einer Teilnehmerin

Gestern war ich zur Heiligen Messe in unserer Kirche. Am Ende der Messe wurde das Allerheiligste ausgesetzt. Dieses hat für mich jetzt dank des Einkehrwochenendes eine neue Bedeutung gewonnen: es ist mir zum Freund geworden, der große Freude in mir weckt (so wie ich es bei der Anbetung in der Nacht erlebt habe, bei der die Angst von mir gewichen ist und ich mich aufgehoben und angenommen gefühlt habe).

Danke, Jesus, für dieses Geschenk deiner Gegenwart, das große Geheimnis, wie du uns auch heute noch nahe bist, unsere Tränen trocknest und uns tröstest und alles wieder gut machst. Und danke euch, die ihr *Rachels-Weinberg*-Einkehr nach Deutschland geholt habt, damit auch wir armen Seelen hier erleben können, was Vergebung bedeutet und wie sehr sie befreit.

Rachels Weinberg ist ein großes Geschenk, mit Worten kaum zu beschreiben. Ich wünsche allen Frauen, die unter der Sehnsucht nach ihren Kindern leiden, die von ihren Schuldgefühlen erdrückt werden, die befreiende Erfahrung einer *Rachels-Weinberg*-Einkehr.

Heilend und trostreich

von Ch.

Ein wunderschönes Wochenende voller positiver Überraschungen, emotional, aufwühlend, heilend und trostreich. Ich werde es nie vergessen können.

Die heißersehnte Antwort

von Anonym

Die *Rachels-Weinberg*-Einkehr ging weit über das hinaus, was ich mir jemals hätte vorstellen können. Es war ein unglaublicher Weg von Trauer zu Freude. Die Übungen *Lebendiges Wort*[15] gingen tief und gaben allem Bedeutung, was wir erlebt hatten. Ich fühlte, daß Gott tatsächlich in unserer Mitte war. *Rachels Weinberg* war die heißersehnte Antwort auf jahrelange Gebete für mein ungeheuer großes Bedürfnis nach Hilfe.

Der Freiraum

von Anonym

Mit Worten kann man nicht beschreiben, was für einen Heilungsprozeß ich an diesem Wochenende durchlaufen habe. Dieser Teil meines Lebens, der zerfetzt, roh und blutend offen lag, wurde mit Liebe und Behutsamkeit behandelt. Gottes Gnade und Liebe waren in diesem Einkehrwochenende spürbar. Er kann eben alles möglich machen – Hoffnung, Liebe, Glauben und Leben schenken, wo vorher nur schneidender Schmerz, Trauer und Verlassenheit waren.

Obwohl dieses Einkehrwochenende mit Liebe erfüllt war, scheuten sich die Leiter nicht, tief in die schmerzvollsten Abgründe unseres Lebens und Daseins einzutauchen. Es war wichtig für uns, so tief zu graben, um uns vom Schmerz und den Skeletten der Vergangenheit zu lösen.

---

15 Siehe Fußnote 8 auf Seite 44.

Ich bin überzeugt, das schaffte den Freiraum, den Gott dann mit ehrlicher Liebe für seine verlorenen Kinder, Familien, Freunde, und besonders uns selbst, füllen konnte.

Ins Licht

von Anonym

Dies ist das Beste, was mir je passiert ist. Es war völlig erfüllt von Gottes Geist, und ich bin so dankbar, daß ich auf so intensive Weise vom Schmerz ins Licht geleitet worden bin. Dieses haben nicht Menschen vollbracht. Nur Gott kann das tun!

Das erste Mal

von Anonym

Ich habe das erste Mal um mein abgetriebenes Kind geweint.

Und zu wissen, daß mich niemand verurteilen würde

von Anonym

Dieses Einkehrwochenende war die stärkste Heilserfahrung, die ich je gemacht habe. Die spirituelle und psychologische Heilung ist unermeßlich. Es war ein wundervolles Gefühl der Befreiung und des gemeinsamen Austauschs. Ich konnte in sicherer Umgebung einfach meine Erlebnisse und Emotionen aussprechen. Das *Lebendige Wort* half mir, Gottes Gegenwart in einer Weise zu spüren, wie ich es nie vorher gekannt hatte.[16] Das war genau das, was ich brauchte. Jede Person, die hier war, war aus gutem Grunde hier und hat mich in irgendeiner Weise berührt. Es war für mich sehr bedeutsam, meine Erlebnisse in einer warmen, sicheren, liebevollen Umgebung mitzuteilen, und zu wissen, daß mich niemand verurteilen würde.

Laß Dich heilen …

von Cäcilia

Angst und Panik, Haß und Abscheu herrschten in meinem Leben, nachdem ich für mindestens sechs Abtreibungen verantwortlich war. Ein täglicher Kampf ...

Mit diesem Wissen leben zu müssen, war eine Strafe. Es war ein Schatten in mir, der für mein Leben und das Leben meiner Kinder Folgen hatte, den aber niemand verstand. Es gab kein Verständnis für das Leiden von jemandem, der abgetrieben hat.

Für das *Rachels Weinberg* Einkehr Wochenende hatte ich mich bereits vor Jahren angemeldet, war dann aber nicht gekommen, hatte mich nicht mehr gemeldet. Die Angst war größer.

Immer wieder landete ich bei der Internetseite von *Rachels Weinberg*, und ich wußte, daß ich meine Wunden nicht für immer verstecken konnte und wollte. Wenn ich Heilung und Rettung aus diesem elenden Leben erreichen wollte, mußte ich mich stellen und mich auf diese Einkehrtage einlassen. So kam ich eines Tages hin ... sehr spät,

---

16 Siehe dazu Fußnote 8 auf Seite 44.

aber dennoch nicht zu spät, und ich bin jetzt glücklich und stolz auf meine Entscheidung.

Nun kurz zu mir. Ich kam in einem kleinen Ort nahe Österreich zur Welt. Das Leben war hart zu uns. So auch zu mir. Gewalt und strenge autoritäre Erziehung waren unser Alltag. Geprägt von Mißhandlungen war ich immer sehr schüchtern, beängstigt und zurückhaltend. Mit 15 wurde ich vergewaltigt. Oft wurde ich geschlagen, weil ich mich gewehrt hatte, um weiteren Vergewaltigungen zu entgehen ... Mit 16 wurde ich nach Wien zu meinem Vater geschickt. Relativ schnell lernte ich dort meinen (Ex)Mann kennen und heiratete sofort, um ein neues Leben anfangen zu können.

Bald danach (mit 18) wurde ich schwanger. Ich durfte das Kind nicht behalten, da ich als Christin von der Familie meines Exmannes als minderwertig angesehen wurde. Sie brachten mich zur Abtreibung. Ich kann mich noch immer an das Flehen meiner Seele erinnern, an die Tränen, die flossen, an die Leere, die mir blieb, und an das Schweigen danach. Ein Jahr später wurde ich wieder schwanger. Ich durfte das Kind behalten und bekam ein wunderbares Mädchen, das mir wieder das Lächeln ins Gesicht brachte. Gewalt, Mißhandlungen, Alkohol und Spielsucht kennzeichneten nun auch mein neues Leben.

Ich wurde wieder schwanger. Viel zu früh laut den Ärzten: »Das hätte nicht passieren dürfen, dafür gibt es Spiralen!« Die Familie meines Exmannes war der gleichen Meinung. Beschämt, als hätte ich einen Fehler begangen, ließ ich mich zur Abtreibung bringen. 2004 bekam ich einen Sohn. Mein ganzer Stolz. Ich kann mich erinnern, wie sehr ich hoffte, mein damaliger Mann würde sich nun ändern und zu uns stehen – zu seiner neuen Familie.

Kurz danach wurde ich wieder schwanger. Abtreibung auf Rat des Arztes, da das Herz zu schwach war. Ich ließ es geschehen.

Nachdem mein Exmann nun auch schon zu den Kindern gewalttätig geworden war, plante ich die Scheidung. Ich mußte unbedingt die Kinder bekommen. Es war ein dreijähriger Kampf, während dem wir mit Lebensdrohungen und Verfolgungen gelebt haben. Obwohl wir unter dem Schutz der österreichischen Polizei standen, lebten wir in Angst vor ihm und seiner Familie.

Ich hatte auch mit Autophobie (Angst vor dem Alleinsein) zu kämpfen. Sie trieb mich später in eine neue Beziehung. Innerhalb von etwa 1,5 Jahren wurde ich wieder dreimal schwanger und trieb dreimal ab.

Schweigen und Kälte kennzeichneten mich. Nach außen wollte ich stark und autoritär wirken. Gleichzeitig hatte ich Angst, in der Gesellschaft, in der Kirche und in der Familie ein schlechtes Bild über mich zu geben. Ich hatte Angst, Schwäche zu zeigen. Ich hatte kein Empfinden mehr für eine Sünde oder eine schlechte Tat. Ich empfand nichts mehr. Präsentation nach Außen war alles, was zählte. Irgendwie schaffte ich es, ein starkes Bild von mir zu geben. Ich hatte immerhin zwei Kinder alleine großgezogen, nebenbei Vollzeit gearbeitet, eine Weiterbildung nach der anderen gemacht, mich von einer Assistentin in eine Leitungsstelle hochgearbeitet. »Eine starke Frau« nannten mich viele. Aber innerlich, wenn es still wurde, wenn die Angst in mir stärker wurde, wußte ich genau, was ich getan hatte. Egal, wie gut ich es zu verdrängen versuchte, irgendwann überholte mich alles.

Die Masken, die ich trug, waren mir zu schwer geworden. Ich suchte Hilfe in der Kirche, genau an dem Ort, wo ich eigentlich erwartet hatte, verstoßen oder verachtet zu werden. Ich hatte mich von jeder Beziehung getrennt und suchte nach Vergebung. Ich begann meinen Weg mit Gott. Und dann, mit der Zeit, konnte ich langsam wieder »sehen«, das Leben schätzen, so als wäre ich auf einmal nüchtern geworden. Mein Leben änderte sich langsam, ich veränderte mich.

Natürlich brach die Wunde immer wieder auf, sobald irgendwo Abtreibung ein Thema war. Mein Bild über mich selbst machte mir Angst. Mehr und mehr wurde mir bewußt, daß das Opfer, wie ich mich immer empfand, zum Täter geworden war. Mit der Zeit fühlte ich mich so schuldig, daß ich bis zum Boden zerstört war. Ich konnte mich nicht mehr ertragen, gar nicht mehr annehmen. Das war die schwierigste Zeit meines Lebens. Ich konnte mich kaum um die Kinder kümmern. Die Last war zu schwer, ich wollte so nicht mehr weiterleben, ich hatte unschuldige Kinder getötet.

Es dauerte lange, bis ich verstand, daß es auch für mich Rettung und Heilung gab, daß Gott mich immer begleiten und mir Hilfe schicken würde.

So kam ich tatsächlich zu *Rachels Weinberg*, um die Wunden meiner Seele heilen zu lassen. Diesmal nahm ich meinen ganzen Mut zusammen. Ich wußte, daß ich die Rettung, die ich für mich und meine Seele brauche, dort finden würde.

Bei dem *Rachels Weinberg* Wochenende waren wir sechs Teilnehmer. Alles Unbekannte. So verschiedene Menschen, und dennoch war jeder auf verblüffende Weise ein Stück Rettung für die anderen.

Ich versuchte, direkt und offen zu sein, auch wenn ich über einen großen Schatten springen mußte. Dort verstand ich unter anderem, welche Konsequenzen die Abtreibungen für mein Leben und das Leben meiner Kinder hatten. Keiner hatte mir vor der Abtreibung gesagt, daß ich mein Leben lang leiden würde, daß meine Seele tiefe Wunden haben würde. Keiner hatte mir gesagt, daß selbst meine geborenen Kinder darunter leiden würden, mehr noch, direkt verletzt würden. Keiner hatte mir erklären können, warum meine Kinder im Kindergartenalter mit ihrem »großen Bruder« redeten, denn damals gab es keinen großen Bruder! Oder wieso meine beiden Kinder, wenn sie miteinander gespielt hatten, mir nachher erzählten, sie hätten mit ihren Geschwistern gespielt. Keiner klärte mich auf, daß Schreianfälle meiner Tochter über viele Jahre hinweg Folgen ihrer Geburt nach einer Abtreibung sein konnten. Keiner hatte mich gewarnt, daß ich nach einer Abtreibung zum Monster würde, daß meine Muttergefühle derart zerstört würden, daß die Fähigkeit, Mitgefühl zu haben, nicht mehr existieren würde oder daß sich die Zärtlichkeit einer Frau zu Haß und Zorn entwickeln würde. Und wer hatte mich damals aufgeklärt, daß meine ungeborenen Kinder ein Recht auf Leben hatten? Wer hatte mich gewarnt, daß das nicht verschwiegene Abtreibungen, sondern lebendige Kinder waren, Geschenke Gottes, die einen Namen verdienen, eine Persönlichkeit sind und eben nicht nur eine Ansammlung von Zellen, die »noch nicht leben«. Am *Rachels Weinberg* Wochenende bekam ich nun alle diese Antworten. Dort ergab alles einen Sinn. Alles war auf einmal so klar!

Ich erlebte tiefe Versöhnung mit mir selbst, mit meinen abgetriebenen Kindern und mit meiner Geschichte. Versöhnung, die mich zurück ins Leben brachte. Man könnte sagen, ich habe mein Leben dort nochmals durchlebt. Alle

Schmerzen meiner Verletzungen, die Geräusche bei den Abtreibungen, die Entstehung der Leere und die Entwicklung der Entfremdung - alles war wieder da.

Aber ich war nicht alleine! Diesmal wurde ich durch die Epochen meiner Lebensabschnitte getragen. Ein Expertenteam, bestehend aus Betreuern, Priester und Psychologin, führten mich aus dem dunklen Loch hinaus in das Leben. Es war sehr intensiv, aber auch befreiend und heilend. Ich kann es kaum mit Worten beschreiben, was für ein Geschenk es für eine Frau ist, die so viele Abtreibungen hatte.

Es wurde uns empfohlen, zu Hause mit Familienmitgliedern offen zu reden und ehrlich über sich selbst zu sein. Nachdem ich verstanden hatte, daß es für meine Kinder ebenso viele Konsequenzen wegen meinen Abtreibungen gibt, wußte ich, daß ich diesem Rat folgen mußte. Ich wußte aber zugleich, daß es mir unmöglich war, dies zu tun. Ich hatte zu große Angst - Angst vor Anschuldigungen, Angst, über noch nie Ausgesprochenes zu sprechen, Angst, dadurch auch meine lebenden Kinder zu verlieren.

Zuhause bekam ich überraschenderweise einen starken Drang, so schnell wie möglich mit meinen Kindern zu sprechen und dem Rat zu folgen. Ich betete einige Tage lang für den richtigen Moment. Ich wollte den Zeitpunkt nicht selbst wählen, sondern versuchte, Gott die Initiative zu geben. Meine Kinder kamen an einem Tag früher als gewohnt nach Hause, setzten sich am Balkon nieder und sagten überraschend zu mir: »Du willst mit uns reden, wir sind bereit.« Ich wußte, der Moment war da. Ich redete und redete ... Zuerst entschuldigte ich mich, daß ich nicht die Wahrheit gesagt hatte, wo ich an besagtem Wochenende sein würde. Ich erzählte ihnen von ihren Geschwistern im Himmel und auch, wie alt sie sind. Ich erzählte ihnen von meinem früheren Leben und von der Last nach den Abtreibungen. Auch von den Konsequenzen einer Abtreibung. Ich erzählte über die netten Menschen von *Rachels Weinberg,* die mir geholfen und mich ermutigt hatten, mit ihnen (meinen Kindern) zu reden. Ich erzählte ihnen von der Gedenkfeier und sagte ihnen die Namen ihrer abgetriebenen Geschwister. Ich zeigte ihnen die »Lebensurkunden«, die wir bekommen hatten ...

Sie hörten sich alles geduldig, mit großem Interesse und mit einem riesengroßen Verständnis an. Sie waren erstaunt, wie sehr sie so etwas vermutet und gespürt hatten, und daß sie eben nicht »verrückt« waren. Es gab Tränen, es gab Verständnis und Versöhnung. Sie machten sich Fotos von den Lebensurkunden. Sie nahmen erfreut die Rosenkränze, die ich ihnen von dem Einkehrwochenende mitgebracht hatte, entgegen - jeder in seiner Lieblingsfarbe und im Gedenken an die Geschwister. Dabei weinten sie, fühlten sich aber gleichzeitig geliebt. Es gab ihnen Bestätigung für das schon immer Vorhandene, aber nicht Verstandene. Die Wahrheit war es, die uns alle befreit hatte und uns eine neue, viel stärkere Beziehung zueinander als zuvor geschaffen hatte.

An alle Frauen, die abgetrieben haben, und an alle Geschwister oder Abtreibungsüberlebenden: Es gibt Heilung! Laß Dir helfen, laß Dich heilen! Du allein entscheidest, in welche Richtung es weitergeht!

An alle Mitarbeiter von *Rachels Weinberg:* Gott segne Euch! Vergelt's Gott für euren Dienst!!

In Frieden,
eine Mutter

Ich bin sehr froh

von Anonym

Ich habe hier eine Offenheit erlebt, die es mir ermöglichte, auch mein Inneres offen zu legen. Die Liebe und Güte und die Annahme jedes Einzelnen durch die Mitarbeiter war sehr wohltuend. Ich bin sehr froh, hier gewesen zu sein.

Männer

Ich bin dankbar

von Scott

Nachdem ich mich jahrelang allein herumgeschlagen hatte mit meiner Schuld, meiner Scham und den Gewissensbissen über meine Mitwirkung am Entschluß meiner Freundin, unser Kind abzutreiben, fand ich schließlich einen Heilungsdienst, der erkannte, daß ich Hilfe nötig hatte. Die *Rachels-Weinberg*-Einkehr bot mir den Platz, wo ich - inmitten von anderen, die meine emotionale Antwort auf eine äußerst schwierige Situation nachvollziehen konnten - meinen Schmerz und meine Schuld ausdrücken konnte.

Zumal die Akzeptanz der Frauen dort war hilfreich, weil ich davon ausging, daß ich meine Freundin dermaßen arg verletzt hatte, daß nun alle Frauen mich verachten würden, wenn sie erfahren würden, was ich getan hatte. Doch ihr Verständnis und ihre Akzeptanz halfen mir, ein Stück weiter zu gehen, um mir selbst zu vergeben und um fähig zu werden, andere Menschen in meinem Leben auf eine tiefere Art und Weise zu lieben. Meiner jetzigen Ehefrau und meiner Tochter kam meine Bereitschaft zugute, mich mit diesem verborgenen Geheimnis meiner Vergangenheit auseinanderzusetzen. Ich bin *Rachels Weinberg* dankbar, daß es den Raum unbedingter Liebe und Annahme im Hier und Jetzt eröffnet, was ich brauchte, um den Schmerz herauszulassen, der meinen gegenwärtigen Beziehungen zu anderen im Wege stand.

Die Stimmen der Männer

von Patrick, Kalifornien, USA

Mein Name ist Patrick, und ich will Zeugnis geben darüber, wie Abtreibung mein Leben in Mitleidenschaft gezogen hat. Vor 13 Jahren, als ich in der letzten Klasse der Highschool war, befand ich mich in einer Krisensituation. Ich hatte meine Freundin geschwängert. Als ich davon hörte, war ich keineswegs von Freude oder Begeisterung erfüllt, eher von Angst. Ja, ich war buchstäblich angsterfüllt! Mit Worten kann nicht das emotionale Gewicht ausgedrückt werden, welches ich empfand, als ich realisierte, daß das, was ich mit meiner Freundin gemacht hatte, neues Leben geschaffen hatte! Ich erinnere mich, daß ich bei mir dachte: »Wie konnte das geschehen? Wie konnte ich nur so sorglos sein?«

Meine Freundin war damals offen für den Gedanken einer Adoption. Aber ich lehnte es ab, davon zu hören und diese Option näher in Betracht zu ziehen. In aggressiver Weise sagte ich zu ihr, daß niemand wissen könne, daß sie schwanger sei. Niemand. Und wenn ich dieses Baby nicht haben wollte, dann würde es auch niemand anderes haben. Adoption würde heißen, daß man der Welt erzählt, daß wir einen Fehler begangen haben. Wie beschämend wäre es gewesen, die Reifeprüfung zu absolvieren mit einer schwangeren Freundin? Darüber hinaus, wenn meine Eltern es mitbekämen, wie viel Schande würde ich unserem Familiennamen zufügen?

Mehrere Wochen vergingen, und ich übte Druck auf meine Freundin aus, sie solle *Planned Parenthood* anrufen. Es gelang uns, außerhalb der Schulstunden den Eingriff durchführen zu lassen. Worte können nicht das dunkle, kalte Gefühl beschreiben, welches ich verspürte, als ich durch die Eingangstüren von *Planned Parenthood*[17] hindurchging. Als die Abtreibung vorüber war - daran kann ich mich weiterhin erinnern -, sah ich meine Freundin aus diesen Räumen herauskommen. Sie sah wie tot aus! Kein Ausdruck, nur tiefe Trauer und tiefer Schmerz. Auf der Stelle fühlte ich Scham und wurde überwältigt von einem Gefühl des Bedauerns. Was hatte ich gerade getan! Wie konnte ich nur sie, meine Freundin, zu solch' einem Ort schicken? Und eben in diesem Augenblick wurde mir klar, wie tief ich Gott verletzt hatte. Und in diesem Augenblick wurde mir auch klar, daß ich die schlimmste Entscheidung meines Lebens getroffen hatte.

Während der nächsten Wochen begann unsere Beziehung, ihren Tribut einzufordern. Ich versprach Crystal, niemandem über unsere Abtreibung zu erzählen. Und damit begannen 13 Jahre des Verschweigens, indem wir versprachen, niemals mehr darüber zu reden.

Nicht einmal drei Jahre waren vergangen, als Crystal und ich uns erneut in der gleichen Situation befanden. Aber jetzt waren wir an der Uni und in einer Fernbeziehung. Die Angst kehrte schnurstracks wieder.

Und wie bei einem Feigling, so war meine erste Reaktion auch diesmal wieder, die Schwangerschaft zu verheimlichen. Während der darauffolgenden Wochen versuchte ich, Crystal zu einer Abtreibung zu drängen. Ich dachte wenig über das Trauma nach, welches sie gerade mal zwei Jahre zuvor erlebt hatte, ein Termin bei *Planned Parenthood* wurde ausgemacht. Wir telefonierten miteinander, als sie zum vereinbarten Termin fuhr und als gerade die Ausfahrt

17 Siehe Fußnote 3 auf Seite 30.

näherkam. Ich legte schnell auf und sagte zu ihr, sie solle mich zurückrufen, wenn sie es hinter sich habe. Doch Dank der Gnade Gottes hielt Crystal auf dieser Schnellstraße an und fuhr nicht zum vereinbarten Treffpunkt.

Sofort rief mich Crystal an, weinend, und sagte, sie könne das nicht ein zweites Mal machen. Und in diesem Moment fiel mein Panzer zusammen. Wir wählten das Leben. Sechs Monate später wurde unsere erste Tochter Amaya Lee Rico geboren.

Vater zu werden, das öffnete mir die Augen für die Heiligkeit des Lebens. Zum tatsächlich ersten Mal, als ich nämlich meine Amaya in meinen Armen hielt, wurde mir klar, wie kostbar das Leben ist. Es war ein bittersüßer Augenblick; denn als ich tief in ihre blauen Augen schaute, fragte ich mich, wie ich jemals für ihren Tod hatte plädieren können. Allein der Gedanke, Amaya abzutreiben, würde mich in dem kommenden Jahren zusammenzucken lassen.

Kurz danach heirateten Crystal und ich, wir thematisierten jedoch nie unsere frühere Abtreibung. Ich hatte diese Gefühle so tief in mir vergraben, daß ich gar nicht mitbekam, daß ich nicht glücklich war. Es gab da einen Hohlraum, eine Leere, die ich mir nicht erklären konnte. Tief drinnen in mir haßte ich mich für das, was ich getan hatte. Um diese innere Leere auszufüllen, fing ich an, Pornographie anzuschauen. Dieses destruktive Verhalten hielt mich nachts wach. Eine Zeitlang hatte ich schließlich eine Schlafstörung und mir wurde klar, daß ich an einer Depression litt. In unserer Ehe hatten wir zudem ernsthafte Probleme.

Ich wußte, es war an der Zeit, Hilfe zu suchen, denn Gott offenbarte mir, daß Er meine Vergangenheit ruhen lassen und mir Heilung bringen wollte. Auf diese Art kamen meine Frau und ich zu der *Rachels-Weinberg*-Einkehr, einem Heilungsseminar für Männer und Frauen nach Abtreibung. Worte vermögen nicht wiederzugeben, wie umwerfend diese Einkehr für meine Heilung war. Zum ersten Mal in meinem Leben, nach 13 Jahren, entdeckte ich die Vergebung, nach der ich mich so sehr sehnte. Ich war in der Lage, mir selbst zu vergeben und mein Kind zu ehren.

Abschließend möchte ich sagen, wie wichtig es für Männer ist, eine Stimme zu haben. Männer sind das verschwiegene Geheimnis in der Lebensschutzbewegung. Wir müssen aufstehen, für die Frauen in unserem Leben dasein und dazu beitragen, eine Kultur des Lebens zu fördern! Und wenn es Männer gibt, die an den Folgen der Abtreibung leiden - Frauen, macht sie nicht mundtot. Wir brauchen ihre Stimmen, darum will auch ich nicht länger stumm sein.

Der Weg zur Erlösung

von Robert B.

An einem Sonntag, vor meinem fünften Geburtstag, verließ mich mein Vater - seinen erstgeborenen Sohn, und gleichfalls meine Mutter und meine beiden jüngeren Schwestern. Das muß mein Herz gebrochen haben. Denn in den darauffolgenden Jahren beherrschte die Angst, nicht angenommen zu werden, mein Leben. Mein katholischer Glaube war bedeutungslos für mich, ich ließ ihn mühelos hinter mir. Ich wählte willentlich ein arges Leben, in dem sich alles um mich drehte. Menschen behandelte ich wie Gegenstände. Gott ließ ich links liegen. Ich warf meine Würde weg und füllte die Leere mit flüchtigen Vergnügen. Tief in meinem Herzen hielt ich mich fest an der Dunkelheit und mied ängstlich das Licht.

Ich hatte eine Abtreibung, weil mich mein destruktiver Lebenslauf, der um mich kreiste, einholte: Meine Ängste, meine Bedürfnisse, meine Vergnügen und meine Sicherheit. In den Jahren 1988/89 wollte ich vorehelichen Sex mit meiner Verlobten - und sie wurde schwanger. Unglücklicherweise wollte sie keine Kinder. Und ich wollte Sicherheit. Sie wollte eine Abtreibung, und ich unterstützte diese Entscheidung.

Wir fanden eine Klinik und vereinbarten den Todesurteiltermin. Ich kann mich nicht erinnern, daß man einen Versuch unternahm, uns das auszureden. Tatsächlich schien es wie ein gewöhnlicher Besuch in einer Ordination.

Unmittelbar nach der Abtreibung empfand ich Erleichterung, weil die beunruhigende Störung in meinem Leben vorüber war. Ich fuhr meine Verlobte nach Hause, und wir sprachen nie wieder über diesen Tag. Wenige Zeit nachher heirateten wir in einer katholischen Kirche. Unsere Beziehung war jedoch von jeglicher sinnvollen und dauerhaften Liebe entleert. Drei Jahre später ließen wir uns scheiden.

Als die Zeit nach der Abtreibung ins Land zog, fühlte ich gewaltige Scham, und tief innen verspürte ich Isolation. Ein Kampf tobte in mir. In meinem Herzen wollte ich wortwörtlich tot sein. Ich haßte den Mann in mir. Ich fühlte mich kalt und allein, da die Intensität meiner Selbstzentriertheit sich aufbauschte und mich verhöhnte. Kurz nach meiner ersten Heirat ging ich eine zweite, kurze, mit einer anderen Frau ein. Sie wollte, daß ich mich sterilisieren lasse, und ich war einverstanden. Ich redete mir ein, daß ein Mann wie ich nicht dazu berufen war, Vater zu sein.

Hilfe und Vergebung fand ich schließlich durch die Barmherzigkeit und die Gnade Gottes. In Seiner Liebe für mich führte Er mich zu einer Frau, die wahrhaft meine Ehefrau sein würde. In unserer heiligen Verbindung war der Weg zur Vergebung geebnet. Als ich die erdrückende Last meiner Sünden nicht länger ertragen konnte, wandte ich mich zu guter Letzt zum Licht Jesu Christi und bettelte um Seine Hilfe. Er gab mir Antwort, zeigte den WEG auf, und ich folgte. Ich kehrte zurück zu meinem katholischen Glauben, beichtete meine Sünden und fühlte die Freude über Gottes Vergebung. Durch Sein wegweisendes Licht wurde ich neulich zu einer *Rachels-Weinberg*-Einkehr geführt. Und eben dort war es, daß Gott mit Seiner barmherzigen Ausgießung der Liebe fortfuhr, denn mir wurde die herrliche Gelegenheit zuteil, das Leben meines Kindes, welches nie die Chance hatte, das Licht der Welt zu erblicken, vor aller Welt anzuerkennen und zu bestätigen.

Zugleich fand ich in meinem Herzen wahrhafte Vergebung für meinen Vater.

Durch die Gnade Gottes wurde meine Würde wieder hergestellt, und ich verstand die ewige und unveräußerliche Würde einer jeden menschlichen Person, und deshalb werde ich nicht länger schweigen!

Heilende Weinreben

von Jason Baier, Gründer und Präsident von Fatherhood Forever Foundation, Inc.[18]

Die vergangenen zehn Jahre arbeitete ich sehr hart, um nach meiner Abtreibungserfahrung wieder zu Kräften zu kommen. Ich unternahm so ungefähr alles, was man diesbezüglich tut: Suchte einen Psychiater und einen Berater auf, verbrachte eine Zeit im Spital, nahm alle möglichen Antidepressiva und sonstigen Tabletten. Als all das nichts half, nahm ich Zuflucht bei »alternativen Mitteln«: Zunächst indem ich eine Kirche besuchte, sodann an einem 12-Punkte-Programm teilnahm sowie an verschiedenen Selbsthilfegruppen, ferner Bücher las, die mit meinen Problemen zu tun hatten, mich in Bibelstudien vertiefte und jeden Tag eine Zeit zum Gebet nahm.

Letztes Jahr sagte ich mir schließlich, ich bin geheilt und startete mit *Fatherhood Forever,* um anderen zu helfen, Hoffnung und Heilung zu finden, so wie ich selbst sie gefunden hatte. Seit dieser Zeit habe ich so viele wunderbare Leute in der Lebensschutzbewegung und in den Heilungsdiensten nach Abtreibung kennengelernt. Ich hatte das Privileg, anderen bei ihrem Weg der Heilung zu helfen. Mir wurde die Ehre zuteil, meine Geschichte vor Lebensschutzgruppierungen, in Kirchen, bei Versammlungen von Jugendlichen und einer breiten Öffentlichkeit mitzuteilen.

Im Februar hatte ich die Gelegenheit, an einer *Rachels-Weinberg*-Einkehr teilzunehmen. Ich nahm daran teil mit dem Gedanken, daß ich auf diese Weise mehr

18 *The Fatherhood Forever Foundation* ist ein Heilungsdienst für Männer, die durch die Tragödie der Abtreibung gegangen sind.

über diesen Heilungsdienst erfahren würde, der in unserem Männer-Heilungs-Netzwerk verzeichnet ist, und ob er hilfreich für mich wäre, um damit in Zukunft weiterzuarbeiten. Meine einzige Absicht, an der Einkehr teilzunehmen, war, »Forschung« zu betreiben. Mir war nur wenig klar, was ich selbst damit zu tun hatte.

Als ich ankam, setzte ich ein großes Lächeln auf und tat so, als ginge mich das alles nichts an, was an diesem Wochenende vor sich gehen würde. Ich muß gestehen, ich war ein bißchen nervös, konnte jedoch nicht auf den Punkt bringen, warum. Ich war erleichtert, als ich feststellte, daß ich nicht der einzige Typ in der Einkehr war. Der Ort der Einkehr war absolut bildschön, und bald fühlte ich mich wohl beim Gedanken, das Wochenende hier zu verbringen. Doch nur bis zu dem Zeitpunkt, als die Einkehr offiziell losging.

Minuten nach dem Start merkte ich bereits, daß ich Abwehrschranken hochzog. Mit versteinertem Gesicht, die Arme trotzig verschränkt, saß ich da und bemühte mich, jeder Emotion zu widerstehen, die das Team aus mir hervorlocken könnte. »Ich bin bereits geheilt«, dachte ich bei mir, »und da gibt's nichts, was sie tun oder sagen könnten, damit ich's anders sehe.« Die Krönung meines Stolzes ereignete sich bei der Kaffeepause, als ich mich genötigt sah, meine »Beschwerde« gegenüber einem der Teammitglieder auszudrücken. Ihre einfachen Worte des Zuspruchs und des Verständnisses brachten mich schnell wieder in die Gelassenheit. Als ich an diesem Tag zu Bett ging, sagte ich mir, daß - auch wenn ich weiterhin stark sein würde - ich morgen zumindest offener sein würde.

Und dann kam das Morgen. Was die Stärke betrifft, so bemerkte ich, daß ich gegenüber der Mutter meines Kindes, der ich meinte, vergeben zu haben, noch immer einen beträchtlichen Brocken ungelöster Wut verspürte und zudem Schuld, nicht Manns genug gewesen zu sein, die Abtreibung zu verhindern. Aber meine emotionale Zerreißprobe kam, als ich entdeckte, daß - tief vergraben in meinem Herzen - weiterhin Trauer und Verzweiflung waren. Seit dem Tag, als ich meinem Kind einen Namen gab, hatte ich nicht mehr so heftig geweint. Ich weinte nicht nur wegen des Verlusts meines Kindes, sondern auch deswegen, weil ich mich zum Narren gehalten hatte, indem ich mir einredete, ich sei geheilt. Ich war zornig und beschämt über mich selbst.

Am tiefsten Punkt dieses Wochenendes passierte sodann nichts Geringeres als ein Wunder. Plötzlich war ich überwältigt von einer Empfindung des Friedens, die ich bislang nur einmal in meinem Leben erfahren hatte. Ich umarmte dieses Gefühl und ließ all meinen Schmerz und all meine Wut los. Zum ersten Mal überhaupt war ich in der Lage, klar zu sehen und einzusehen, daß ich Grund hatte, glücklich zu sein anstatt zu trauern. Ich war in der Lage, all die Gedanken und Gefühle, die mich davon abhielten, der zu sein, der ich sein sollte, abzulegen, ruhen zu lassen. Meine Augen wurden vollständig geöffnet.

Seit der Einkehr hatte ich neue Erkenntnisse und Überzeugungen, die mir den Weg in eine leuchtendere Zukunft ebneten. Ich entdeckte Wahrheiten, für die ich in der Vergangenheit blind war und die mich im Glauben und in der Hoffnung aufbauten. Der Monat Februar war für mich immer ein schwieriger Monat gewesen, aber dieses Jahr freute ich mich über das, was ich erreicht hatte, statt zu trauern über das, was ich verloren hatte.

Sollten Sie eine Abtreibung hinter sich haben, dann ermutige ich Sie von ganzem Herzen, an einer *Rachels-Weinberg*-Einkehr teilzunehmen. Es gibt so viel, wovon Sie bei einer solchen Einkehr profitieren können.

Mitschuldig durch Schweigen

von Chuck

Ich will vor allem zu Männern reden und zwar vor allem zu jungen Männern. Vor 38 Jahren, am 10. Januar, war ich 17 Jahre alt, als ich an der Abtreibung meines Sohnes beteiligt war. Als ich erfuhr, daß meine Freundin schwanger war, waren wir beide fassungslos, und dann ging alles sehr schnell. Ich hätte genug Verantwortung haben sollen, um es besser zu wissen und meinen Sohn und die Mutter meines Kindes besser zu beschützen vor einer schrecklich fehlgeleiteten und unwiderruflichen Entscheidung.

Heute würde ich alles daransetzen und alles dafür geben, um diese Entscheidung rückgängig zu machen; wenn ich doch damals den Mut gehabt hätte, *nein* zu sagen. Doch ich habe damals nichts gesagt. Ich war verängstigt und schüchtern, wurde mitschuldig durch mein Schweigen. Tief, tief drinnen, wußte ich um die Wahrheit. Es ging um unser Baby, nicht bloß um Zellgewebe; aber nein, ich sagte nichts und ich tat nichts, sondern ich begleitete sie, gemeinsam mit ihrer Mutter, zur Abtreibungsklinik, um unser Kind zu vernichten. Während des Eingriffs fühlte ich mich betäubt und hilflos, und für dieses gigantische Versagen übernehme ich die volle Verantwortung.

Diese junge Frau und ich – irgendwie hielten wir durch, und Gott segnete uns fünf Jahre später mit unserer Heirat.

Aber sie litt an Anfällen von Depression, geringem Selbstwertgefühl und der vergrabenen Schuld über ihre verlorene Mutterschaft. Das Leben, welches abgesaugt und von jedermann in ihrem Umkreis vergessen worden war - sie hatte es nie vergessen. Jetzt verstehe und glaube ich, daß die Liebe einer Mutter zu ihrem Kind von Gott selbst in ihr Herz eingeprägt ist.

Ihr Baby kann nicht herausgerissen werden ohne verheerende und andauernde Konsequenzen. Die Wunde ist immer da. Das Problem war nicht gelöst. Vor zehn Jahren fanden wir zu Reue und Versöhnung aufgrund eines unglaublichen Heilungsprogramms namens *Rachels Weinberg.* Wir erkannten, daß Gott uns weiterhin liebt, und zu guter Letzt waren wir fähig, damit zu beginnen, uns selbst zu vergeben.

Allen Männern, die an einer Abtreibung beteiligt waren oder deren Kinder gegen ihren Willen abgetrieben wurden, möchte ich sagen: Laßt eure Herzen raus dem Gefängnis, es gibt Hilfe und Heilung. Der Schmerz über meine verlorene Vaterschaft war jeden Tag in mir da; doch jetzt, durch Gottes Gnade, gibt es unvorstellbare Barmherzigkeit und Vergebung. Ich lebe im Frieden und in Freude, und darum kann ich nicht länger still sein.

Danke - Gott segne Sie!

»Gott, warum ich?«

von Charles Brian

Als junger Bursche kam es immer wieder vor, daß ich nachts im Bett lag und mich fragte: Gott, warum ich? Ich wuchs auf als Einzelkind, welches bei seiner Geburt adoptiert wurde. Als ich acht Jahre alt war, hatte mein Vater einen beinahe tödlichen Autounfall, der ihn gänzlich behindert zurückließ.

Mein Mutter war als schizophren diagnostiziert worden und hatte mehrere mentale Zusammenbrüche und Suizidversuche hinter sich. Verbale und physische Konflikte ereigneten sich tagein tagaus bei uns zuhause.

Als ich neun war, beging mein Vater Ehebruch mit einer Familienfreundin, die bei uns gewöhnlich zum Abendessen und zum Kartenspiel war.

Als ich elf war, wurden meine Eltern geschieden und meine Mutter kaufte eine Kneipe. Im Alter von 15 sah ich all das, was ein Kind nicht sehen sollte. Mein Vater kehrte zu uns zurück kurz vor dem Geschäftserwerb und fuhr fort mit Alkohol und Glücksspiel. Meine Mutter verbrachte 90 % ihrer Zeit im Gasthaus und bandelte schließlich mit einem Freund an, obgleich mein Vater noch bei uns lebte. Zwischen den beiden herrschte fortwährend Eifersucht, da sie ihre Beziehungen gegeneinander ausspielten. Die meiste Zeit meiner Kindheit über fühlte ich mich verlassen und allein.

Es gab Zeiten, da meine Gefühle an die Oberfläche kamen, da ich damit kämpfte, meinen Schmerz und meine Wut auszudrücken. Dies führte zu wütendem Hin und Her mit meiner Mutter. Ihre Antwort? – Sie drückte eine Pistole an meinen Kopf oder an meine Brust und drohte damit abzudrücken. Diese traumatische Umgangsweise war traurigerweise die Norm in unserer Familie. Nach jedem Vorfall dachte ich am Ende, daß nichts dran verkehrt war, daß meine Mutter mich fast erschossen hätte. Ich schämte mich riesig wegen dem, was meine Eltern taten, und deswegen, weil nichts in unserer Familie funktionierte.

Freunde zu haben, mit denen man spielen oder rumhängen konnte, stand nie zur Debatte. In den Ferien blieb ich meist bei mir oder ging mal rüber in das Haus von Freunden. Es war merkwürdig, »normale Familien« zu erleben, wo man sich gegenseitig mochte und wertvolle Zeit miteinander verbrachte.

Als ich ein Teenager war, hielt man mich für einen gutaussehenden Burschen, und ich war sportlich erfolgreich – was mir viel Aufmerksamkeit von Frauen einbrachte. Für einen unsicheren jungen Mann, der aus einer kaputten Familie kam und nach Liebe und Zuneigung hungerte, war dies starker Tobak.

Frühe Liebe ... und meine erste Abtreibung

Im Gymnasium lernte ich ein wunderbares Mädchen kennen und verliebte mich auf unreife und berauschende Art und Weise. Bald schon hatten wir vorehelichen Sex und sahen uns einer unerwarteten Schwangerschaft gegenüber. Wir dachten, unsere Eltern würden uns umbringen und unsere Freunde würden uns verstoßen.

Nach einem zwanzigminütigen Gespräch stand die Entscheidung fest. Ein Freund meiner Freundin bot ihr an, sie zum Abtreiber zu fahren, das Problem wäre damit aus der Welt. Wir waren beide damit einverstanden, und ich gab das Geld für den Eingriff.

Zwei Wochen später hatte meine Freundin die Abtreibung. Eines Abends rief ich bei ihr zuhause an, ohne zu wissen, daß ihre Mutter von dem Eingriff erfahren hatte. Meine Freundin war am Apparat und sagte mir, ich solle nie mehr mit ihr reden, ansonsten würde ihre Mutter es ihrem Vater erzählen, und der würde mich mit Sicherheit umbringen.

Ich schämte mich dermaßen, daß ihre Mutter über die Abtreibung Bescheid wußte! Und die Scham führte zu Angst und Depression. Da war niemand, mit dem ich hätte reden, und kein Platz, wo ich hätte hingehen können. Wie erzählst du deinen Freunden, daß du dazu beigetragen hast, dein eigenes Kind umzubringen? Wer kann schon mit diesem Drama umgehen? Das Ergebnis war, daß ich alles in mir zurückhielt und irgendwann abstumpfte.

Eine zweite Chance

An der Uni traf ich eine bezaubernde junge Frau und verliebte mich. Wir gingen ernsthaft anderthalb Jahre miteinander. Als die Beziehung sich vertiefte, fingen wir damit an, ungeschützten vorehelichen Sex zu haben.

Ich erinnere mich, daß ich mich freute, als sie mir über unsere Schwangerschaft erzählte. Ich dachte, daß Gott mir meine erste Abtreibung vergeben hätte. Ich erzählte ihr, wie aufgeregt ich sei, Vater zu werden, und daß ich sie heiraten würde.

Ihre Antwort auf die Schwangerschaft war: »Das kommt nicht in Frage! Wir werden dieses Kind nicht bekommen! Ich bin schon fast in der 12. Woche und werd' eine Abtreibung haben.«

Ich versuchte zu verhandeln und unterbreitete ihr mehrere Lösungsvorschläge, die das Leben unseres Kindes retten würden. Doch sie hatte keinerlei Interesse an auch nur irgendeinem meiner Vorschläge. Mit dem Rücken zur Wand sagte ich, ich würde ihren Eltern und der Polizei erzählen, ich hätte sie betrunken gemacht und dann vergewaltigt, und dachte, das wird sie umstimmen. Ich war bereit, zu lügen und ins Gefängnis zu gehen, um unser Kind zu retten.

Da ich selbst ein adoptiertes Kind bin, konnte ich nicht nachvollziehen, warum sie nicht erwog, das Baby zur Adoption freizugeben. Normalerweise war sie der liebenswerteste und fürsorglichste Mensch, sie war auch eine sehr spirituelle Person und stammte aus einer liebevollen Familie.

Aber jetzt schien sie kalt, berechnend, ohne Mitgefühl für das Kind oder mich. Sie legte dar, ihre Eltern würden sie umbringen und ihre Freunde würden sie verstoßen. Sie ließ mir keine andere Wahl, als mich aufzuraffen, sie zur Abtreibungsklinik zu fahren und für die Abtreibung zu bezahlen. Sie rief dort an und machte einen Termin für die kommende Woche aus.

Die Zeit dazwischen war die Hölle für mich. Ich schlief nur wenig und war emotional ein Wrack. Obwohl ich kaum jemals zu Gott betete, rief ich Ihn nun an und bat Ihn um Hilfe. Als der Tag da war, fuhr ich sie zum Zentrum und bezahlte für die Abtreibung. Ich erinnere mich, daß wir den weiten Weg dorthin kein Wort redeten. Nachdem wir das Auto abgestellt hatten, bettelte ich sie ein letztes Mal an, keine Abtreibung zu haben. Ich erinnere mich, daß ich ihre Hände hielt und ihr mitteilte, was mich im Herzen bewegte. Sie blieb bei ihrem *Nein!*

Damals wußte ich reichlich wenig über die Abtreibungskette *Planned Parenthood.*[19] Da jedoch der Name *Geplante Elternschaft* bedeutete, hoffte ich, sie würden uns beraten und helfen, die Sache vernünftig anzugehen. Doch ganz im Gegenteil. Man wies mich an, zum rückwärtigen Teil der Klinik zu gehen und zu bezahlen. Eine Person, die wie eine Krankenschwester angezogen war, fragte uns, ob wir

19 Siehe Fußnote 3 auf Seite 30.

die Körperteile für Forschungszwecke spenden wollten. In meinem Gefühlschaos unterzeichnete ich diese schrecklichen Formulare.

Ich erinnere mich, daß ich in meinem Kopf durchdrehte und in Panik geriet und dachte, das kann nicht wahr sein. Ich wollte raus! Mir war nach Weinen zumute, aber ich wollte meine Freundin nicht kränken. Aus der Tiefe meiner Lungen heraus wollte ich schreien: STOP!, als sie in den Raum ging, doch nichts von dem, was ich zu sagen hatte, spielte eine Rolle. Als ich dort allein saß, zogen meine Gefühle weg und ich stumpfte erneut ab.

Der Abstieg in die Hölle

Ich werde nie vergessen, mit welch' einem Blick der Verachtung und des Schmerzes sie mich anblickte, als sie von dem Eingriff rauskam. Ich war nach dem Eingriff in Qualen, da ich meinte, ich hätte nicht hart genug für das Leben meines Kindes gekämpft. In den kommenden Tagen und Jahren würde exakt dieser Gedanke als schwerer Tribut auf mir lasten. Die gewaltige Verbindung zwischen der Abtreibung und meinen Kindheitswunden verstand ich erst vollständig, als ich das Buch von Kevin Burke las: *Tränen des Fischers.*[20] Kevin schreibt über Männer, die als Kinder Scheidung, Mißbrauch und emotionale Verwahrlosung erlebten und später Abtreibungen hatten:

»Wenn Männer durch ihre Väter Verwahrlosung, Mißbrauch und Verlassenheit erfahren, dann hinterläßt diese Zurückweisung im Kind die Erfahrung, emotional abgetrieben worden zu sein. Ein Mann, der die Empfindung hat, als Kind emotional abgetrieben worden zu sein, und der

20 Dieses Buch liegt, da es bislang keine deutsche Übersetzung gibt, nur in der amerikanischen Originalversion vor: *Tears of the Fisherman.*

später am Tod seines ungeborenen Kindes beteiligt ist, vergrößert damit eine bereits tiefe und komplexe Wunde. Er erlebt sich zugleich als unschuldiges Opfer von kindlichem Mißbrauch wie auch als Täter, da er nun selbst beteiligt ist am Mißbrauch/Tod seines unschuldigen Kindes (bzw. er fühlt sich neuerlich als Opfer, da er ohnmächtig war, dieses sein Kind zu beschützen). Die Erfahrung der Abtreibung verknüpft sich auf eine äußerst toxische, vergiftende Weise mit dem verwundeten inneren Kind, woraus tiefe Wut, Depression und Angst resultieren sowie zerstörerische und selbstzerstörerische Handlungen, um die komplexe Trauer auszuagieren.«

Ich litt an schwerer Depression und unternahm nach der ersten Abtreibung einen Selbstmordversuch. Ich schluckte eine Überdosis Schmerztabletten, die ich aufgrund einer Sportverletzung besaß. Ich wollte einfach, daß der Schmerz aufhört, doch keine Pillendosis reichte aus. Im Laufe der Zeit entwickelte ich eine verzögerte posttraumatische Belastungsstörung sowie eine Zwangsstörung, weil ich rund um die Uhr über meine verlorenen Kinder nachdachte.

Als Folgeerscheinung der Abtreibungen hatte ich zwei anschauliche Träume, in denen ich in eine dunkle, leere Höhle der Verzweiflung eintrat. Ich fühlte, daß die Träume mir mein ewiges Schicksal offenbarten, nämlich als einer Seele, die zur Hölle verdammt ist. Zu dieser Zeit war Gott für mich ein strenger Richter, der mich bereits zur Hölle verurteilt hatte, da ich jenseits der Erlösung war. Ich verlor jegliche Hoffnung und war jahrelang erfüllt von Abscheu mir gegenüber. Wie konnte ich nur zwei wunderschöne Kinder umbringen und zwei Menschen verletzen, die ich innig liebte?

Jahrelang war ich unfähig, meine Gefühle in Worte zu kleiden. Wenn mich jemand fragte, wie es mir geht, sagte ich: »Mir geht's gut.« Tag für Tag Glück vorzutäuschen, wurde zu meinem Mantra. Ich lernte es, niemandem zu vertrauen, zumal keinem, der versuchte, näher an mein Herz heranzukommen. Die einzigen Gefühle, die ich hatte, waren Zorn, Selbsthaß und ein strenger Glaube daran, daß auch Gott mich haßte. Ich litt stillschweigend und schämte mich zu sehr, um irgendjemandem über meine Abtreibungen zu erzählen.

Um die dunkle innere Leere auszufüllen, schlief ich mit x-beliebigen anderen Frauen. Doch nichts konnte die Leere in mir ausfüllen. Mit der Zeit wurde meine Depression schlimmer und ich hatte täglich und stündlich mit ihr zu kämpfen. Etliche Jahre lang ging es mir so, unfähig, meine Gefühle in Worten auszudrücken.

Ich versuchte, nicht an meine abgetriebenen Kinder zu denken, denn dies war zu schmerzhaft. Die Gefühle waren zu heftig, um sie zu beherrschen. Wenn ich eine schwangere Frau oder ein neugeborenes Baby sah, fühlte ich mich niedergedrückt. Ich war nicht in der Lage, in Kinder- oder Babyabteilungen zu gehen, ohne in Tränen auszubrechen. Ich entwickelte irreguläre Schlafmuster, wachte in der Stille der Morgendämmerung auf und ging ins Wohnzimmer, wo ich mir vor Kummer die Augen ausweinte über den Verlust meiner beiden Kinder. Ich kämpfte damit, die innere Abgestumpftheit in Griff zu bekommen.

Raus aus der Finsternis – ins Licht

Schließlich lernte ich eine Frau mit einer ähnlichen Familiengeschichte kennen, auch sie war aufgewachsen in einer Familie mit Alkoholproblemen und Mißbrauch. Sie hatte nie eine Abtreibung gehabt, sie war offen und ehrlich und hatte eine sehr traumatische Kindheit hinter sich. In früheren Beziehungen war ich immer schweigsam gewesen und vermied es, irgendjemandem über meine Abtreibungen zu erzählen. Doch eines Nachts nahm ich all meinen Mut zusammen und teilte meine Geschichte mit.

Sie unterstützte mich mit offenen Armen. Drei Jahre gingen wir miteinander, bevor wir heirateten. Ich dachte mir, nach der Heirat würde ich mich besser fühlen. Ich versuchte es mit Beratung und mit Medikamenten. Meine Frau hatte von einem 12-Schritte-Programm gehört, welches als Hilfe für Menschen entwickelt worden war, die in einer Familie mit Alkoholproblemen aufgewachsen waren. Der heilende Wendepunkt in dem Programm kam, als ich etwas über eine »höhere Macht« erfuhr. Ich erinnere mich, daß ich durch die 12 Schritte ging und eine Liste von Personen zu erstellen hatte, die ich verletzt hatte und denen gegenüber ich bereit war, Wiedergutmachung zu leisten. Ich fand schließlich den Mut, die Mütter meiner abgetriebenen Kinder zu kontaktieren und um Entschuldigung zu bitten. Beide entschuldigten sich bei mir.

Zu lernen, meine emotionalen Defizite der Kindheit neu anzugehen und Verantwortung für meine Handlungen zu übernehmen, half mir, meine Abstumpfung zu durchbrechen und meine Gefühle in Worte zu fassen. Als mein Selbstwertgefühl wuchs, wurde ich ein neuer Mensch, der mir half, von den Wunden des Heranwachsens in einer dysfunktionalen Familie geheilt zu werden. Das Programm vermochte allerdings nicht, die tiefen Verwundungen in den Blick zu nehmen, welche die Abtreibung meinem Herzen zugefügt hatte.

Meine Frau und ich beschlossen, ein Kind zu adoptieren, welches in einer Pflegeeinrichtung untergebracht war und ein Zuhause brauchte. Dies führte zu einer belastenden Zeitspanne mit Gerichtsverhandlungen, in denen die Eltern auf ihre Rechte verzichten sollten. Das Kind kam nämlich aus einem Zuhause, wo Mißbrauch vorkam, und war bei uns seit seiner Babyzeit. Die ganze Erfahrung brachte mich näher zu Gott. Ich kann mich entsinnen, daß ich des Nachts auf den Knien lag und Gott anflehte, daß wir unser Kind behalten, wenn dies Sein Wille und das Beste für unseren Sohn war.

Aus der Verzweiflung heraus fing ich an, in eine katholische Kirche vor Ort zu gehen. Ich hatte Angst vor der Kirche und Angst davor, Gott zu begegnen. Doch da ich zwei Kinder in Abtreibungen verloren hatte und jetzt fürchtete, mein adoptiertes Kind zu verlieren, wußte ich nicht, an wen sonst ich mich hätte wenden können.

Priester Michael war der Priester unserer Pfarre. Irgendwas an diesem Priester war authentisch, echt und vertrauenswürdig. Jede Woche war ich gespannt, seine Predigt zu hören. In einer Predigt ging es um die Göttliche Barmherzigkeit. Priester Michael gab uns zu verstehen, daß Gott den Sünder liebt, doch nicht die Sünde.

Nachdem ich etwa ein Jahr lang jeden Sonntag mit verschränkten Armen in der letzten Bankreihe gesessen war, sank es allmählich in mich hinein, daß Gott mich vielleicht doch nicht haßte.

Daraufhin beschloß ich, Priester Michael wegen Beichte und Versöhnung aufzusuchen. Zwei Stunden dauerte unsere Verabredung. Ich bekannte alle meine Sünden, einschließlich der Abtreibungen. Ich heulte die ganze Zeit wie verrückt, weil ich Angst hatte, man würde mich auffordern, die Kirche aufgrund meiner schweren Sünden zu verlassen.

Doch zu meiner großen Überraschung geschah genau das Gegenteil. Priester Michael war dermaßen liebenswürdig und behutsam. In der schwierigsten Phase meines Lebens gab er mir das Gefühl der Sicherheit. Da war keine Verurteilung, er hielt mich nicht für eine Schande. Er war vielmehr mitfühlend mit meinem Leiden, so daß ich geschockt war darüber, daß er nicht geschockt war, meine Geschichte zu hören.

Priester Michael erklärte zudem, daß unsere Kirche voller Sünder sei, nicht voller Heiliger. Ich verrichtete meine Buße, und da ich daran gewöhnt war, vermurkst zu denken, wartete ich darauf, daß etwas Schlimmes passieren würde. Die Zeit verging, und genau das Gegenteil passierte. Ich war schließlich Lehrer in der Sonntagsschule und wurde Kommunionspender. Ich ministrierte in den heiligen Messen und machte Besuchsdienst in den örtlichen Spitälern. Zum ersten Mal in meinem Leben fing ich an, Gott und der Kirche zu vertrauen.

Priester Michael half mir in der belastenden Zeit, als die Adoption meines Kindes auf der Kippe stand. Er brachte mir bei, mit offenem Herzen zu Gott zu beten und einfach darum zu bitten, daß Sein Wille in meinem Leben geschehe und daß das Beste für meinen Sohn dabei herauskäme. Gott sei Dank wurden unsere Gebete erhört, uns wurde die volle Obhut über unseren Sohn zuerkannt.

Rachels-Weinberg-*Einkehr*

Obgleich wir außer uns vor Freude waren über die Adoption meines Sohnes, ging in den nächsten paar Jahren der Schmerz über die Abtreibungen nicht weg. Ein Berater erstellte mir die Diagnose *Depression.* Mein Allgemeinarzt verschrieb mir Medikamente, die jedoch nicht wirklich halfen. Niemand wußte, wie mir mit meiner Trauer nach den Abtreibungen zu helfen war.

Erst als Priester Michael mich ermutigte, eine *Rachels-Weinberg*-Einkehr aufzusuchen, begann meine wirkliche Heilung. In der Einkehr traf ich die erstaunlichsten Leute, darunter zwei liebevolle Priester, die im Team mitarbeiteten. Ich war in der Lage, meine Geschichte mitzuteilen und nahm voll und ganz am Programm teil. Ich gab meinen Kindern einen Namen, und bei der Gedenkfeier am Ende der Einkehr[21] las ich einen Liebesbrief an sie vor und nannte sie bei ihrem Namen: *Marie* und *Jakob.*

Zum ersten Mal in meinem Leben war ich fähig, mit der Verwundung, der Trauer und dem Schmerz umzugehen, und dies auf eine liebevolle Art mir, meinen Kindern und ihren Müttern gegenüber. Es war sehr hilfreich, dabei von anderen Menschen umgeben zu sein, die meinen Schmerz verstanden und mein Leiden nachvollziehen konnten. Und ich spürte Gottes liebende Barmherzigkeit und Seine Gnade.

Als ich aus der Einkehr kam, fühlte ich mich zum ersten Mal in meinem Leben vom Schmerz befreit. Ich besuchte danach mehrere Zusammenkünfte mit dem Team und anderen Teilnehmern.

Leider mußte ich aufgrund meiner Arbeit in einen anderen Bundesstaat übersiedeln. Mit der Zeit stieg erneut

---

21 Bevor am Sonntagnachmittag, zum Abschluß der Einkehr, die heilige Messe gefeiert wird, findet zuvor eine Gedenkfeier für die verstorbenen Kinder statt, in der diese Kinder auf besondere Weise geehrt werden.

der Schmerz und das Beklemmungsgefühl über die zweite Abtreibung in mir hoch. Ich rief die Leiterin der *Rachels-Weinberg*-Einkehr in dem neuen Bundesstaat an und schilderte ihr meine Situation. Sie schlug mir vor, eine zweite Einkehr zu besuchen, um die ungelöste Trauer und das Trauma meiner zweiten Abtreibung aufzuarbeiten.

Drei Monate später hatte ich meine zweite Einkehr, die am Ende ebenso heilsam war wie die erste. Während das Programm dasselbe war, öffnete ich mich vollständig für Gottes Heilung und Barmherzigkeit. Ich lernte einen anderen Mann kennen, der im Team mitarbeitete und ein Kind durch Abtreibung verloren hatte; das machte einen großen Unterschied aus. Wir teilten gemeinsame Erfahrungen und fühlten uns wirklich verbunden während der Übungen.

Die Leiterin des Programms war unglaublich, sie unterstützte und ermutigte mich, voll und ganz an den Übungen teilzunehmen, um Gottes Barmherzigkeit zu empfangen. Sie war für mich ein Vorbild dafür, was einen echten Beauftragten Christi ausmacht. Später gab sie mir den Anstoß, mich um andere Männer zu kümmern, die an Abtreibung litten, und so wurde ich ein Mitglied des *Rachels-Weinberg*-Teams. Wir planen derzeit, in Ergänzung zu den *Rachels-Weinberg*-Einkehren, eine Gruppe für Männer nach Abtreibung anzubieten.

Die letzten sechs Jahre bin ich reguläres Mitglied der katholischen Kirche gewesen. Unser Pfarrer Richard sprudelt geradezu über vor Liebe zu seinen Schäfchen. Er ist wahrhaftig ein christusähnlicher Mann und eine Inspirationsquelle für mich. Ich gehöre auch zum Lebensschutz-Team innerhalb der Kirche.

Gott ist jetzt die treibende Kraft in meinem Leben. Mein Lebensziel besteht heute darin, die Botschaft der Göttlichen Barmherzigkeit auszubreiten. Ich hatte lange Jahre hin eine reichlich verzerrte Sicht auf Gott, und das schaffte mir großen Schmerz und große Seelenqual. Aber wenn du dich Gott öffnest und Ihm vertraust, dann kannst du tolle Heilung erfahren.

Früchte der Heilung

Die katholische Kirche geht zurzeit durch einen äußerst schmerzvollen Prozeß hindurch, da das Licht der Wahrheit sehr dunkle und zerstörerische Akte des Mißbrauchs, der Verwahrlosung und der sexuellen Amoral unter einigen Klerikern und Bischöfen zu Tage fördert. Als ein Kind, welches selbst Mißbrauch und Verwahrlosung erlitten hat, bricht mein Herz angesichts all jener, die gelitten haben durch die Hände von Männern, die dazu geweiht wurden, Diener Jesu Christi zu sein. Dies ist wahrhaft eine Abscheulichkeit, die das Herz der christlichen Sendung trifft.

Doch während ich diese Finsternis klar benenne, muß ich ebenfalls Zeugnis für die Tatsache ablegen, daß meine Lebensgeschichte die Vollmacht eines heiligmäßigen Priesters wie Pfarrer Michael widerspiegelt, eine Vollmacht, die mich aus der Verzweiflung hinführte in das Licht der Gesundung und der Versöhnung mit Gott. Ich wurde gesegnet durch die Sakramente der Versöhnung (Beichte) und der Eucharistie sowie durch den Dienst von *Rachels Weinberg*, welcher die Barmherzigkeit und die Heilung Christi und Seiner Kirche zu den durch Abtreibung verwundeten Frauen und Männern bringt. Ich hatte das Glück, die Kirche auf bestmögliche Art und Weise zu erleben.

Meine Frau und ich haben später unsere Tochter aus der Ukraine adoptiert. Sie ist wirklich fantastisch und erfüllt unsere Herzen mit Freude.

Drei Jahre später lernte ich meine biologische Mutter kennen und ebenso zwei Schwestern und zwei Brüder. Sie sind tolle Leute, die mich lieben. Da meine Adoptiveltern beide bereits verstorben sind, wurde mir mit meiner neuen Familie eine zweite Chance zum Glück gegeben.

Ich möchte bei dieser Gelegenheit auch meine biologische Mutter würdigen, die für mich eine Heldin ist. Obgleich sie als unverheiratete Mutter mit mehreren Kindern durch schwierige Zeiten ging, beschloß sie, mich nicht abzutreiben. Das Ergebnis dieser Entscheidung war, daß sie das Leben meiner Adoptiveltern änderte und gleichfalls das Leben von Freunden und von der Familie. Ich liebe dich, Mama!!!

Wie Sie sich vermutlich denken können, bin ich ein überzeugter Unterstützer von Adoptionen. Die Adoption ist eine große Alternative zur Abtreibung und ein grandioser Weg, um eine Familie zu gründen.

In Jesus Christus - Charles

(Charles ist heute Mitarbeiter bei den Rachels-Weinberg-*Einkehren. Er hilft ebenfalls in verschiedenen Diensten für postabortive Frauen und Männer.)*

All die Antworten, nach denen ich gesucht hatte

von Freddy

Ich kann mir vorstellen, was Sie denken mögen ... Er ist ein Typ. Was weiß der denn über Abtreibung? Männer haben schließlich keine Abtreibungen.

Doch auch wir, ja, auch Männer leiden.

Als ich 21 war, hatte ich eine Freundin, die schwanger wurde. Sie war sehr erschrocken. Was würden ihre Eltern tun, wenn sie das herausbekämen? Wir beide beschlossen, unser Baby abzutreiben.

Damals versuchten wir lediglich, ein Problem zu lösen. Ich bekam überhaupt nicht mit, daß ich eines der Zehn Gebote brach: *Du sollst nicht töten!* Doch ich hatte dafür zu *bezahlen,* daß ich mein Kind tötete. Es ist eine Sünde!

Mit der Zeit stellte ich fest, daß ich gehörig am Verlust meines Babies litt.

Als dann meine Mutter starb, litt ich an einem anderen großen Verlust. Der Unterschied ist ... ich weiß, daß ich zu meiner Mutter ans Grab gehen kann. Bei einer Abtreibung jedoch geht das nicht. Ich fühlte mich dermaßen verlassen. Ohne Hoffnung und getrennt von GOTT.

Im September 2005 fand ich durch eine *Rachels-Weinberg*-Einkehr beim Herrn all die Antworten, nach denen ich gesucht hatte. GOTT machte es möglich, daß ich erkannte, mein Baby war ein Mädchen. Ich nannte sie *Tiahra.* ER vergab mir, und meine Tochter vergab mir gleichfalls.

Durch die Gnade Seiner Liebe verwandelte GOTT unsere Leben komplett. Obgleich meine Frau und ich getrennte Abtreibungen hinter uns hatten, arbeiten wir heute gemeinsam in den spanischen *Rachels-Weinberg*-Einkehren. - ALLES ZU SEINER EHRE!

Wir wollen nicht länger schweigen.

Danke!

Ehepaare

Die Geschichte eines Ehepaars

von einem Mitarbeiter

Das Paar, das teilnahm, war in der Vergangenheit in der Eheberatung gewesen (die Beiden gaben mir die Erlaubnis, euch und anderen ihre Geschichte mitzuteilen). Sie hatten sich mehrmals getrennt; während ihrer brüchigen Ehe hatte jeder von ihnen Affairen gehabt. Ihre Ehe war weiterhin auf wackligem Grund, als sie kamen. Emotional blieben sie aufgrund des Schmerzes distanziert. Einer der Gründe, warum sie überhaupt zusammenblieben, waren die Kinder, die nach der Abtreibung zur Welt gekommen waren. Zudem half ihnen der gemeinsame christliche Glauben, zusammenzubleiben und weiterzukämpfen.

Sie kamen schließlich zur Einsicht, daß es nicht so sehr ein Eheproblem zwischen ihnen gab, sondern ein Abtreibungsproblem. Sie kamen zur *Rachels-Weinberg*-Einkehr und gestanden ein, daß sie zwar Liebe zueinander empfanden, aber nicht wußten, wie sie die Sperre, welche die Abtreibung in ihr Leben gebracht hatte, hinter sich lassen sollten. Sie wußten nicht, wie sie sich länger lieben sollten. In ihren Worten: »Wir sind leer.« Deswegen kamen sie zur Einkehr.

Der Ehemann sagte seinen Stein[22] betreffend: »Ich trage jetzt diesen Stein seit 14 Jahren. All diese Zeit über bin ich gefühlsmäßig tot. Ich stürze mich in meine Arbeit, die mich von meiner Frau entfremdet und die sie wütend

22 Siehe Fußnote 10 auf Seite 52.

macht, aber ich weiß nicht, was ich sonst machen soll. Sie hatte einiges an Hilfe nach der Abtreibung, aber ich weiß nicht, wie ich geheilt werden soll. Und wir wissen nicht, wie wir unsere Ehe heilen sollen.«

Der Ehemann sagte noch was: Seit der Abtreibung wisse er überhaupt nicht mehr, wer er als Ehemann und Ernährer der Familie sei. Er wußte nie, was er eigentlich sein und tun sollte; darum stürzte er sich in die Arbeit. Er sagte, seine Identität - wer er war -, das sei alles von ihm weggenommen worden und er habe sich nie ganz gefühlt ... habe sich nach der Abtreibung nie als der gefühlt, der er eigentlich sein sollte.

Er sagte: »Ich weiß, ich war während der Schwangerschaft nie für sie da. Ich akzeptiere meinen Anteil an Verantwortung, ich weiß, daß sie letztlich ihre Entscheidung wegen meiner und unserer wackligen Beziehung traf (er war damals beim Militär); aber an diesem Tag damals bin ich gestorben. Seit 14 Jahren bin ich tot.«

Während der *Lazarus*-Übung[23] passierte etwas Wunderbares. Als das Mitarbeiterteam zu ihnen kam, um den Teil ihres Körpers einzubinden, den sie nennen würden, beschloß die Frau, ihre linke Hand einwickeln zu lassen. Sie sagte: »An dieser Hand ist mein Ehering, und ich hätte gerne, daß unsere Ehe wiederhergestellt ist.« Er sagte: »Wickeln Sie mein Herz ein ... es ist halt gebrochen. Es ist gebrochen, seitdem ich den Anruf bekam, daß die Abtreibung vorüber und mein Kind weg ist.«

23 Eine der Übungen des *Lebendigen Wortes* (siehe Fußnote 8 auf Seite 44), in welcher die Auferweckung des Lazarus im 11. Kapitel des Johannes-Evangeliums aktualisiert wird.

Wir wickelten sie also dementsprechend ein. Nach dem Gebet, wenn wir herumgehen, um die Teilnehmer auszuwickeln, gingen zwei vom Team zu der Frau, um deren Hand auszuwickeln; doch der Ehemann hielt sie zurück und sagte: »Nein, nein, bitte, laßt es mich machen ... Ich denke, das ist mein Platz als ihr Ehemann. Ich möchte eine Partnerschaft beginnen, die wir nie hatten. Ich möchte für sie da sein, ich will nicht länger so distanziert sein.«

Und er wickelte ihre Hand aus. Sie ihrerseits nahm die Binden von seinem Herzen und bat ihn um Verzeihung für ihre Verbitterung ihm gegenüber. Daraufhin umarmten sie sich fünf lange Minuten. Mitzubekommen, wie der Ehemann seine Frau nach der Lazarusübung an sich zog, war dermaßen herzerwärmend. Sie hielten sich an der Hand, als sie den langen Weg hinuntergingen, der zu unserem Eßraum führte. Diejenigen unter uns, die hinter ihnen gingen, konnten nicht anders als lächeln. Wir alle nahmen wahr, daß er das, was ihm genommen worden war, zurücknahm, als er ihre Hand aus den Binden befreite ... er nahm seine Berufung zurück: Ehemann und Ernährer seiner Frau zu sein. Und, wie wir alle wissen, dieses Wunder kann nur Gott wirken. Ich war einfach froh, dabei zu sein und es mitzubekommen. Und seine Frau war gleichfalls begeistert. Sie sagte, in seiner Liebe fühle sie sich sicher und beschützt und geliebt. Sie freute sich an der Innigkeit.

Diesen Frieden zu spüren

von einer Teilnehmerin

Ich bin jetzt 36 Jahre alt. Mein Leben war geprägt von täglicher Angst und Panik, seit ich denken kann. Ich weiß, daß vieles in meiner Geschichte nicht schön war. Die Gefühle innen drin waren teilweise noch nicht gelöst und geheilt. 2006 erfuhr ich, daß an mir eine Abtreibung vorgenommen wurde, als ich durch Mißbrauch durch den Stiefvater schwanger war. Ich wußte Zeit meines Lebens nie, woher diese ständige Traurigkeit, Schwere, Sinnlosigkeit und Trägheit kam, unter der ich litt. Mit 15 wollte ich am liebsten nur noch sterben. Heute weiß ich, daß man mir viele Medikamente gab, damit ich vergesse!

Äußerlich baute ich mir dank Gottes Hilfe dann doch ein Leben auf, aber ich spürte immer wieder, wie ich im Alltag ständig ins »Loch« fiel. Vor allem von Montags bis Mittwochs war ich oft nicht belastbar oder sehr gereizt und aggressiv. Ich hatte einen unglaublichen Männerhaß, tiefe Verachtung mir selbst gegenüber und Wut auf Frauen im Allgemeinen. Zornesausbrüche kamen wie aus dem Nichts oder wurden durch eine Kleinigkeit ausgelöst. Alles war für mich nur ein Kampf. Die Vorstellung, ein Kind zu bekommen, trieb mir Ängste hoch. Irgendwie hatte ich immer das Gefühl, ich kann machen, was ich will, aber in meinem Bauch sitzt etwas wie ein unterschwelliger Knoten oder Stein. Mal mehr, mal weniger, aber er war nie ganz weg.

Die Abtreibung damals war als Blinddarm deklariert worden, und der Klinikaufenthalt und die OP waren von Montag bis Mittwoch. Aber immer, wenn mich jemand auf das Thema »Kinder« ansprach, reagierte ich allergisch. Wenn ich etwas von Abtreibung hörte oder las, war ich der felsenfesten Überzeugung, daß mich das nicht betraf, da ich immer dachte, das geht nur Frauen etwas an, die ganz bewußt und aktiv selber abgetrieben haben. Meinen Körper mochte ich nie, und ich haßte mich selber, weil ich so dick bin. Ich lehnte die Brust und den Bauch total ab und spürte nur Aggression, wenn ich mich damit befassen sollte, z. B. durch Gymnastik. Also machte ich einfach keinen Sport! Ich vermied einfach meinen Körper, so gut es ging.

Des weiteren hatte ich immer das Gefühl, als ob mein Unterleib unterhalb des restlichen Körpers abgetrennt wäre. In mir stiegen Ängste auf. Ich hatte schon so viel ausprobiert - Traumatherapie, Seelsorge, usw. Auch bei Christen fand ich oft nur Menschen, die meinten: »Man müsse nur beten und dann alles hinter sich lassen.« Aber das alles half nichts, und so war ich voller Angst, was mich erwarten könnte.

Bevor ich von *Rachels Weinberg* erfuhr, waren wir an einem Ort in Schönstatt und dort begegnete mir das Wort: *Ja, Vater.* Ein Vertrauen, daß alles, was mir über den Weg läuft, von Gott kommt. So überwand ich mich, mit meinem Mann zu sprechen. Wir beteten darüber und meldeten uns beide in der *Rachels-Weinberg*-Einkehr an. Denn es war klar: so wie bisher konnte es nicht bleiben, denn unsere Ehe brauchte dringend eine Wende, sonst hätte ich es nicht mehr ausgehalten. Ich spürte schon seit ein paar Jahren: »Wenn nicht irgend etwas passiert, halte ich das nicht mehr durch.« Mein Mann hatte mich immer nur ignoriert und übergangen. Ich mußte schreien, um gehört zu werden - es war alles wie ein Teufelskreislauf. Und doch fühlte ich mich dabei genau so, wie ich mich als Kind schon immer gefühlt hatte, und wie ich mein Zuhause erlebt habe.

Gott hat Humor. An unserem 5. Verlobungstag waren wir in *Rachels-Weinberg*-Einkehr. Ich sah Gottes Handschrift dahinter. Die Tage der Einkehr waren hart, aber so gut!

Die vorhergehende Beschreibung war das »Vorherfoto« meines Seelenzustandes vor der *Rachels-Weinberg*-Einkehr. Dieses ist nun die Beschreibung des »Nachher-Fotos«:

Zum 1. Mal in 36 Jahren erlebte ich, daß ich meinen Körper bis in die Fußsohlen spürte! Das ist ein total neues Lebensgefühl für mich. Ich spüre Ruhe, Frieden im Bauch, tief im Bauch; und ich habe keine Angst mehr, durchzuatmen! Zum ersten Mal gehe ich nicht erst aus dem Haus, wenn es dunkel ist, sondern kann »normal« meinen Alltag angehen, kann einkaufen gehen, und zu mir stehen, auch mit meinen 30 Kilo Übergewicht.

Morgens freue ich mich jetzt auf den vor mir liegenden Tag. Die Ängste, die Sorgen über das, was kommen könnte, oder daß ich wieder ins Loch fallen könnte, sind komplett weg! Wenn ich jetzt mit meinem Mann rede, werde ich angehört und ernst genommen, ohne schreien zu müssen. Wir können ruhig und normal miteinander reden, mein Mann geht mehr aus sich heraus. Auch er fängt an, an seiner Geschichte zu arbeiten und es zuzulassen, daß da nicht alles »ok« war, wie er immer dachte.

Ich kann mir zum ersten Mal mit innerer Freude vorstellen, Mutter zu werden, ohne die Angst, es es nicht schaffen zu können. Wenn ich jetzt Babybilder oder Kinder sehe, ist da keine Wehmut und kein Schmerz mehr - sondern ich freue mich einfach. Tiefer innerer Frieden. Es ist etwas zur Ruhe gekommen, ist gestillt.

Mein Mann und ich haben die Vorurteile gegenüber dem Wort »Therapie« ablegen können. In der *Rachels-Weinberg*-Einkehr wurde die Liebe Jesu nicht gepredigt, sondern gelebt!

Ja, alles, was Gott an einem tut, wirkt durch den Menschen weiter. Und alles, was Gott einem schenkt, gibt man dann auch auf ganz andere Weise weiter, als wenn man nur davon gehört hätte. Ich fand es so toll, daß ich, so wie ich war, von euch angenommen wurde - und mein Mann auch. Das allein hat schon unseren Blick füreinander verändert. Ja, jetzt haben wir wieder Zuversicht. Und er meinte auch: »Wenn das Therapie war, dann hab' ich nichts gegen Therapie.«

Das Tollste ist einfach, diesen Frieden zu spüren, bzw. den Körper bis zu den Füßen zu spüren und keine Angst mehr beim Atmen zu haben. Jetzt ist endlich auch das geschehen, wofür ich seit 5 Jahren bete, nämlich, daß mein Mann sich mehr und mehr öffnet, und das ist genial. Ich merke einfach, daß in mir tief drinnen eine Stabilität ist. Im Alltag ist es jetzt viel leichter, seit dieser Stein weg ist. Ich habe neue Hoffnung - es gibt einen Weg aus dem Leid heraus - und ich hoffe, daß Andere sich ebenfalls danach ausstrecken.

Eine neue Freiheit

von Jim

Meine Freundin, später Frau, dann Ex-Frau, hatte 1972, als wir Studienanfänger waren, eine Abtreibung. Wir heirateten später und haben zwei Kinder. Zu der Zeit, als wir unser Kind abtrieben, hatten wir keinerlei Beziehung zu einer Kirche oder einer Glaubensgemeinschaft. Wir waren zehn Jahre verheiratet und hatten eine Tochter und einen Sohn.

Ich heiratete wieder 1994, diesmal in der katholischen Kirche. Ein Jahr nach meiner Scheidung und der darauffolgenden Spirale von Alkoholabusus und Depression kehrte ich zurück zur Kirche meiner Jugendzeit. Meine jetzige Frau hatte in ihren Zwanzigern ebenfalls eine Abtreibung, ungefähr zwanzig Jahre, bevor wir uns kennenlernten.

Wir nahmen an einer *Rachels-Weinberg*-Einkehr teil und fanden Heilung und eine neue Freiheit, unsere Stimme für die Ungeborenen zu erheben.

Geschwister

Und hat mein Herz zutiefst berührt

von B., einer Teilnehmerin, deren Mutter ihre beiden Geschwister abgetrieben hat

Ich habe meine zwei Geschwister sehen dürfen durch eine innere Vision. Sie standen an der *anderen Seite des Lebens,* so wurde es mir übermittelt, und winkten mir zu. Und zusätzlich wurde mir eine große Liebe gezeigt, ich durfte wahrnehmen, daß mich meine Geschwister mit einer großen Liebe lieben. Das war alles neu für mich und hat mein Herz zutiefst berührt. Ich danke Gott für diese Begegnung.

Ich habe nun das Gefühl, eine Familie zu haben

Zeugnis einer Teilnehmerin, die ohne Geschwister aufwachsen mußte

Als Schwester meiner verstorbenen Geschwister war es sehr wichtig, dieses Heilungswochenende mitzumachen. Seit den Tagen des Seminars habe ich nun das Gefühl, eine Familie zu haben - das habe ich zuvor immer vermißt. Ich habe jetzt den Eindruck, eingebettet zu sein in ein Familiengefüge, und die Geschwister sind sehr real da, als Teil unserer Familie. Es macht mich glücklich. Auch habe ich Jesus und seine liebende Vollmacht neu erfahren.

Siehe, Ich mache alles neu!

von Martina, einer Teilnehmerin, in deren Familie seit Generationen Abtreibungen vorkamen

Bevor ich zum Einkehrwochenende kam, hatte ich mindestens 3 Monate nicht mehr schlafen können! Ich war am Ende! Bei der Arbeit war es ganz schwierig, und zwei Tage vor der Abreise fühlte ich, daß ich sterbe! Das mag sich blöd anhören, aber es war so - ein absolutes Sterben.

Als wir ankamen, war ich zwar überwältigt von der wunderbaren Landschaft, dem alten Haus, der liebevollen Begrüßung, aber ich dachte auch, als wir dann begonnen hatten, eigentlich hab ich es satt! Ich dachte, ich müsse ja für die vielen Abtreibungen in meiner Familie sühnen. Dann hatte ich ein Bild, wo Jesus mich anschaute und sagte, ob ich nicht ihm diese Last, die doch nicht meine ist, geben möchte!

Was mich persönlich sehr berührte, waren die liebevollen Geschenke, das gute Miteinander und das Wohlwollen von den Mitarbeitern! Und als ich dann am Abend ins Bett ging, konnte ich das erste Mal nach sehr langer Zeit schlafen!

Der nächste Tag war sehr heilsam für mich; der Verlust meiner vielen Onkel und Tanten, meiner Geschwister. Das war sehr gut, als alles mal rauskam! Auch die schlimmen Worte über mich selbst, die ich in meinem Inneren hatte und die ich durch die Gruppe einfach raussagen konnte! Dieses Totsein hab ich fast nicht ertragen, denn ich wollte doch leben und nicht mehr so weitermachen!

Was ist dann passiert? Wo kam die endgültige Wendung bei mir? Als ich sagte, daß ich das Leben wähle, mein Leben, welches ich bis jetzt noch nicht leben konnte! Seit diesem Wochenende kann ich schlafen! Dank sei dem Herrn. Ich habe die Zärtlichkeit meines Gottes kennengelernt! Seine unendliche Liebe zu mir! Ja, mein Herr hat mir wahrhaft ein neues Leben geschenkt! Ich bin seitdem voller Freude, dankbar, ich liebe meine Arbeit, die Menschen um mich herum ... und ich liebe mich selbst! Ich bin so wunderschön und perfekt! :-)

Ich bin zufrieden mit mir und bin total ausgefüllt! Erfüllt von der Liebe Gottes! Es kommen keine schlimmen Worte mehr über mich selbst, sondern täglich danke ich dem Herrn, daß er mich so wunderbar und einzigartig gemacht hat! Die Wortwahl hat sich total verändert bei mir und seitdem trage ich ausschließlich Röcke und Kleider! Ich liebe mein Frausein, mein Martina-Sein! Auch mit meiner Familie kann ich abschließen, ich muß nichts mehr ertragen und leiden, mein Gott hat am Kreuz alles gelitten und ich darf das Leben haben, das Leben in Fülle! Es ist wunderbar!

Die Tränen, die vielen Jahre der Traurigkeit und der Wut sind vorbei! Auch meine Geschwister hab ich total loslassen können, sie sind zwar da, ja, aber als Fürsprecher bei Jesus.

Ich dachte vor dem Heilungswochenende, daß Gott von mir will, daß ich leide und daß ich sühne. Heute weiß ich, daß Gott mich zum Apostel der Freude berufen hat. Meine Berufung ist, Seine Freude in diese Welt zu tragen, Seine Zärtlichkeit, Sein Lachen.

Gott hat an einem Wochenende mir alles neu geschenkt! So wie bei dem Film *Die Passion Christi,* wo Jesus seiner Mutter begegnet und ihr, trotz aller Schmerzen und Leiden, diesen Satz zuruft: *Siehe, ich mache alles neu!* Dieser Satz erging auch an seine Martina! Er hat mich neu gemacht und ich bin geborgen, denn alles liegt in seiner Hand. Das ist das Werk Gottes. Der Herr ist auferstanden! Er ist wahrhaft auferstanden! Halleluja!